वसीयत और प्रोबेट का परिचय

भारतीय कानून के अनुसार

शिव प्रसाद बोस

विषय - सूची

दूसरे संस्करण (प्रथम हिंदी संस्करण) के लिए प्रस्तावना

इस पुस्तक के पहले संस्करण के प्रकाशन के बाद से, हमने मूलभूत परिवर्तन और कुछ संशोधन किए हैं। इस विषय की स्पष्ट समझ सुनिश्चित करने का इरादा है, क्योंकि यह पुस्तक हमारे देश में वसीयत और प्रोबेट से निपटने के लिए एक प्रारंभिक मार्गदर्शिका है। यह पुस्तक ऐसे सभी लोगों की मदद करने के लिए है, जिन्हें वसीयत और प्रोबेट के क्षेत्र में कानून का ज्ञान नहीं है।

हर किसी की वसीयत होनी चाहिए जो व्यक्तिगत जरूरतों और परिस्थितियों के अनुकूल एक संपत्ति योजना को दर्शाता है। संपत्ति की योजना एक तरह से किसी की संपत्ति के वितरण के लिए डिज़ाइन की गई व्यवस्था है ताकि योजनाकार के उद्देश्यों की अधिकतम प्राप्ति हो सके। इस तरह के उद्देश्यों में कम से कम कर रखना, जीवित पति-पत्नी और बच्चों के लाभ के लिए वित्तीय प्रबंधन प्रदान करना, किसी विश्वसनीय रिश्तेदार का चयन, दोस्त या संरक्षक या अभिभावक के रूप में

एक सलाहकार, और इसी तरह शामिल हो सकते हैं। संपत्ति योजना सरल और सस्ती हो सकती है।

हालाँकि, यह एक एस्टेट प्लान का हिस्सा है या नहीं, वसीयत में एक लिखित दस्तावेज होता है जो वसीयतकर्ता की मृत्यु पर प्रभावी होता है - वसीयत बनाने वाले व्यक्ति के लिए कानूनी शब्द। वसीयत का उद्देश्य उन लोगों के लिए एक सांसारिक संपत्ति वितरित करना है, जिनके पास वसीयतकर्ता की इच्छा है या उनके पास "इच्छाशक्ति" है।

यह पाठ एक संक्षिप्त और व्यापक पाठ की आवश्यकता के जवाब में तैयार किया गया है, जो वसीयत और प्रोबेट पर केंद्रित है, जो वर्णित विषयों से निपटने वाले छात्रों और व्यक्तियों की शिक्षा के लिए आवश्यक है।

इस पुस्तक का एक उद्देश्य कानून और न्यायालय प्रणाली को प्रस्तुत करना था क्योंकि वे वास्तव में कार्य करते हैं। सभी प्रासंगिक मामलों को सावधानीपूर्वक चुना और प्रस्तुत किया गया है। लेखक ने तब भी प्रत्येक मामले का सार बनाए रखा है, जो बिना किसी संक्षिप्त केस के संक्षिप्त विवरण का सहारा लिए हुए है, जो अक्सर कार्रवाई में अदालतों की सटीक समझ और निर्णय लेने में शामिल होने वाली तर्क प्रक्रिया प्रदान करने में विफल होते हैं।

ध्यान दें

पुस्तक में विभिन्न स्थानों पर भारतीय न्यायालय के निर्णयों का संदर्भ दिया गया है। उदाहरण के लिए:

AIR 1962 SC 567 वर्ष 1962 में सर्वोच्च न्यायालय के निर्णय संख्या 567 को संदर्भित करता है।

जब तक अन्यथा उल्लेख नहीं किया गया है, S-227 और ऐसे सभी संदर्भ S- भारतीय उत्तराधिकार अधिनियम, 1925 के संदर्भ में हैं।

इस पुस्तक के लिए महत्वपूर्ण कानून पुस्तकों की सलाह ली गई

a) P.L. Parukh - Indian Succession Act, 1925 11th Edition by Justice K. Kannan.
b) Indian Succession Act - 4th Edition by Sanjiba Rao
c) Hindu law. by Sir Dinshaw Fardunji Mulla - 21st edition.
d) Fundamental of Business law – The Dryden Press — by Rate Hawell / John R.Allison / N.T. Henley.
e) Mogha's Indian Conveyancer — 12th Edition.
f) The Daily Telegraph - Everyday law by Aviva Golden.
g) Webster's Comprehensive Dictionary
h) Mulla T.P. Act, 1882, the Indian Evidence Act, 1872, the Court Fees Act 1870
i) Law of Wills by Indian Social Institute (Legal Education Personal Laws – 9): इस पुस्तिका में भारतीय उत्तराधिकार अधिनियम में निहित वसीयत के कानून की प्रमुख विशेषताओं को एक प्रश्न उत्तर के रूप में संक्षेप में प्रस्तुत किया गया है। यह सलाह दी जाती है कि भारतीय

उत्तराधिकार अधिनियम के प्रावधानों को कब / प्रोबेट के रूप में रखा जाना चाहिए।

अध्याय 1
कुछ व्यावहारिक विचार

1.1 गहन उत्तराधिकार और वसीयतनामा उत्तराधिकार

भारतीय उत्तराधिकार अधिनियम 1925 (ISA 1925) एक कानून है जो आंतों और वसीयतनामा के उत्तराधिकार पर लागू कानून को मजबूत करने के लिए है। इस तरह के समेकित क़ानून का उद्देश्य किसी विषय पर वैधानिक कानून के पूरे अंग को पूर्ण रूप में प्रस्तुत करना और पूर्व क़ानून को निरस्त करना है।

"उत्तराधिकार" शब्द का सामान्य अर्थ है, कानून द्वारा या किसी मृत व्यक्ति की संपत्ति और ट्रांसमिशन अधिकारों और दायित्वों के एक या एक से अधिक व्यक्तियों की इच्छा से पारेषण। संघीय अदालत ने संघीय विधानमंडल की शक्तियों के मामले में किसी भी व्यक्ति की मृत्यु से गुजरते हुए, कृषि भूमि के अलावा अन्य संपत्ति के संबंध

में संपत्ति शुल्क लगाने के लिए प्रदान करने के संदर्भ में अपनी राय दी। [AIR 1944 FC 73]

उत्तराधिकार का नियम किसी व्यक्ति या व्यक्ति को उसकी मृत्यु पर निहित संपत्ति के संचरण को नियंत्रित करने वाला कानून है।

आधुनिक अंग्रेजी कानून में, ट्रांसमिशन दो चरणों में होता है, अर्थात्: प्रशासन के उद्देश्य के लिए मृत व्यक्ति के एक या एक से अधिक प्रतिनिधियों को कानून के संचालन से गुजरना और फिर प्रतिनिधियों के अधिनियम द्वारा हस्तांतरित व्यक्ति को हकदार लाभकारी आनंद । [पैरी का उत्तराधिकार का नियम, छठा एड, पृष्ठ 1]

1.2 कौन सा कानून लागू है

चल संपत्ति के लिए उत्तराधिकार:

आंतों के मामले में, मृत्यु पर अधिवास का कानून निर्धारित करता है कि मृतक के चलन को सफल करने का हकदार कौन है। यदि भारत में किसी व्यक्ति की मृत्यु हो जाती है, तो अन्य स्थानों पर अधिवास के प्रमाण के अभाव में, उसकी चल संपत्ति का उत्तराधिकार भारत के कानून द्वारा शासित होता है।

अचल संपत्ति के लिए उत्तराधिकार:

अचल संपत्ति का वैध निपटान होने के लिए, देश के कानून के अनुरूप एक संपत्ति बनाई जानी चाहिए जिसमें संपत्ति स्थित है।

इसलिए, जब वसीयतकर्ता की वसीयतनामा की क्षमता के संबंध में

i. वसीयत की वैधता के सवाल पर विचार किया जाता है,
ii. संपत्ति की विधर्मी गुणवत्ता पर विचार किया जाता है,
iii. औपचारिकता और वसीयत का संविधान पर विचार किया जाता है

तब यह आवश्यक है इसे ऊपर लागू कानून के संदर्भ में देखें। अधिवास का देश वसीयत बनाने के समय अधिवास का देश है और बाद में अधिवास के परिवर्तन से पहले बनी वसीयत की वैधता प्रभावित नहीं होती है।

1.2 वसीयत के मामले में सबूत का बोझ

जैसा कि वसीयत के मामले में प्रमाण के संबंध में कानून के नियम काफी स्पष्ट हैं।

i. पहला नियम यह है कि ओनस प्रोबांडी हर मामले में वसीयत के पक्ष में होता है, और उसे अदालत की अंतरात्मा को संतुष्ट करना होगा कि जो उपकरण इतना प्रस्तावित है वह एक स्वतंत्र और सक्षम वसीयतकर्ता की अंतिम इच्छा है।

ii. दूसरा नियम यह है कि यदि कोई पक्ष ऐसी वसीयत लिखता है या तैयार करता है जिसके तहत वह लाभ उठाता है, या यदि कोई अन्य परिस्थिति मौजूद है, जो अदालत के संदेह को उत्तेजित करती है, और जो कुछ भी उनका स्वभाव है, तो यह उन लोगों के लिए है जो इच्छाशक्ति को हटाने के लिए प्रस्ताव देते हैं इस तरह का संदेह, और यह साबित करने के लिए कि वसीयतकर्ता की सामग्री को परीक्षार्थी जानता और अनुमोदित करता है। केवल जहां यह किया जाता है, कि सबूत का बोझ उन लोगों पर फेंका जाता है जो धोखाधड़ी या अनुचित प्रभाव साबित करने का विरोध करते हैं या जो कुछ भी वे वसीयत को साबित करने के लिए मामले को विस्थापित करने के लिए भरोसा करते हैं [(1898) 25 कलकत्ता 824]

निर्णयों के संदर्भ में किया जा सकता है [AIR 1977 SC 1202, 1962 3 SCR 195: रानी पूर्णिमा बनाम कुमार खगेंद्र]

1.4 निर्वसीयतता क्या है?

i. एक आदमी को सभी संपत्ति के सम्मान के साथ आंतों (निर्वसीयत) को मरने के लिए माना जाता है

  a. उसने वसीयतनामा नहीं बनाया है। जब उसने कोई इच्छा नहीं छोड़ी है

  b. उसने एक वसीयत बनाई है, लेकिन वसीयत प्रभाव लेने में सक्षम नहीं है। जब उसने अपनी पूरी संपत्ति अवैध उद्देश्य के लिए ली है या यदि उसकी वसीयत का विषय गैर मौजूद है।

ii. उत्तराधिकार में निर्वसीयत और वृषण उत्तराधिकार [BEN Act 8 of 1885] दोनों शामिल हैं। वह प्रक्रिया जिसके द्वारा एक व्यक्ति किसी संपत्ति के कब्जे या कब्जे में दूसरे को सफल करता है या जैसे [S-25 या हिंदू उत्तराधिकार अधिनियम का S-26]: वंशजों का एक क्रम। शालीनता के कानून में, किसी दूसरे

की संपत्ति लेने के लिए आने वाले या किसी अन्य व्यक्ति की वसीयत के बिना उसे निस्तारण करने के लिए।

iii. शब्द "इंटेस्टेट" (निर्वसीयत) को एसेट्स के प्रशासन के Section 55 में परिभाषित किया गया है [15 Geo SC 23] इस प्रकार है: निर्वसीयतता में एक व्यक्ति शामिल होता है जो वसीयत छोड़ता है लेकिन अपने वास्तविक या व्यक्तिगत में कुछ लाभकारी ब्याज के रूप में आंत को मरता है संपत्ति। पीएफ एक्ट, पेमेंट ऑफ ग्रेच्युटी एक्ट 1972, इंश्योरेंस एक्ट 1938 या बैंक अकाउंट [AIR 1928 PC 172] जैसे विशेष अधिनियमों के तहत वैधानिक नामांकन। यह माना गया कि सरकारी बचत प्रमाणपत्र अधिनियम 1959 के तहत नामांकन तीसरे प्रकार के उत्तराधिकार के रूप में संचालित नहीं हुआ, जिसे वैधानिक अधिनियमन के रूप में देखा जा सकता है। एक नामित व्यक्ति को वारिस या लेगली के बराबर नहीं माना जा सकता है और इसलिए उत्तराधिकार के कानून के अनुसार वारिसों द्वारा सहमति का दावा किया जा सकता है।

iv. वह व्यक्ति जो बिना वसीयत किए मरता है - पहले से ही एक प्रकार की वसीयत है: निर्वसीयतता को नियंत्रित करने वाले राज्य कानून। इन कानूनों में एक "मानक" वसीयत शामिल है, जो मृतक के संभावित उद्देश्यों के विधायकों के गर्भाधान को दर्शाता है। निर्वसीयतता कानूनों के तहत, एक मृतक द्वारा छोड़ी गई संपत्ति मृतक के निवास स्थान द्वारा तय नियमों के अनुसार जीवित बचे लोगों के पास जाती है।

v. इस तरह के नियम कभी भी एक व्यक्ति के रूप में संचालित नहीं होते हैं जो किसी व्यक्ति की वसीयत के अनुसार बनाये जाते हैं। नियम अक्सर संपत्ति के गंभीर संकोचन का नेतृत्व करते हैं - और अक्सर परिसंपत्तियों के वितरण के लिए काफी भिन्न होते हैं जो स्वर्गवासी शायद चाहते थे। यदि संपत्ति बड़ी है, तो लंबी और महंगी मुकदमेबाजी व्यक्ति की मृत्यु का अनुसरण कर सकती है। यदि संपत्ति छोटी है, तो इसे विभिन्न हिस्सों में बचे लोगों में विभाजित किया जा सकता है जो किसी की मदद करने के लिए बहुत छोटे हैं। यदि स्वर्गवासी नाबालिग बच्चों को छोड़ देते हैं, तो वे विधवा के साथ-साथ संपत्ति का कुछ हिस्सा प्राप्त करेंगे।

vi. नाबालिग बच्चों के लिए निर्वसीयतता के नियम अन्य तरीकों से प्रदान करते हैं। एक अभिभावक को आमतौर पर बच्चों के लिए नियुक्त किया जाता है, एक प्रक्रिया जिसमें महंगी और समय लेने वाली अदालती कार्यवाही शामिल होती है। अभिभावक को प्रतिवर्ष, पर्याप्त प्रीमियम पर एक बांड पोस्ट करना पड़ता है। अभिभावक की निगरानी कोर्ट द्वारा की जाती है और उसे सालाना इसका हिसाब देना चाहिए, जिसके परिणामस्वरूप अधिक खर्च और समय की हानि होती है। ये सभी प्रक्रियाएं बच्चों की सुरक्षा के लिए बनाई गई हैं और कोई भी इस तथ्य पर ध्यान नहीं देता है कि अभिभावक बच्चों की मां और मृतक की विधवा हो सकते हैं।

vii. संक्षेप में, वसीयत के साथ आने वाली समस्याओं की तुलना में निर्वसीयतता में शामिल समय और खर्च असीम है। “वसीयत जो आपके पास पहले से है” हमेशा “वसीयत जो आपके पास होना चाहिए” से हीन है - भले ही कानून जीवित बचे लोगों की सुरक्षा और प्रदान करने के लिए राज्य के सर्वोत्तम प्रयासों का प्रतिनिधित्व करते हैं।

अध्याय 2
मृत्यु - पहले और बाद में

व्यक्ति की मृत्यु से संबंधित कुछ महत्वपूर्ण वित्तीय और कानूनी पहलू निम्नलिखित हैं:

1. जब किसी की मृत्यु हो जाती है, तो साथी या करीबी रिश्तेदारों को व्यावहारिक मामलों की भीड़ के साथ-साथ उनकी भावनाओं का सामना करना पड़ता है। अल्पावधि में: (i) मृत्यु को पंजीकृत किया जाना चाहिए, (ii) अंतिम संस्कार के लिए व्यवस्था की जानी चाहिए, (iii) और आश्रितों के तत्काल दिन के खर्च के लिए प्रदान किया जाना चाहिए, जिसके बाद मृतक के मामले व्यक्ति को बसना चाहिए। इसका अर्थ है कि किसी व्यक्ति को अपनी संपत्ति, व्यक्तिगत संपत्ति, ऋण, व्यवसाय और इसके बाद का प्रभार लेना चाहिए, जिसे कानून "मृतक की संपत्ति" शब्द से बुलाता है।

2. यदि किसी प्राकृतिक कारण से मृत्यु हुई हो तो चिकित्सा प्रमाणपत्र के लिए कोई शुल्क नहीं लिया जाएगा। जन्म, विवाह और मृत्यु के संबंधित रजिस्ट्रार के पास पांच दिनों के भीतर मृत्यु को पंजीकृत करना चाहिए। मृत्यु को मृत्यु के रजिस्टर में दर्ज किया जाता है और प्रविष्टि की प्रमाणित प्रति को "मृत्यु प्रमाणपत्र" कहा जाता है। विभिन्न स्थानों में उपयोग के लिए मृत्यु प्रमाण पत्र की कई प्रतियां तैयार करने की आवश्यकता है।
3. **अंतिम संस्कार की व्यवस्था करना**: अंतिम संस्कार के निदेशकों को मूल्य सूची और लिखित अनुमान प्रदान करना चाहिए। जो कोई भी अंतिम संस्कार की व्यवस्था करता है वह भुगतान के लिए जिम्मेदार है। यदि मृतक के पास पर्याप्त संपत्ति या नकदी है, तो व्यक्ति उचित अंतिम संस्कार खर्चों के लिए संपत्ति से प्रतिपूर्ति का दावा करने में सक्षम हो सकता है।
4. **संयुक्त बैंक खाता**: व्यक्तिगत खातों को मृत्यु पर रोक दिया जाता है। संयुक्त खाते संचालित किए जा सकते हैं बशर्ते कि दोनों खाताधारकों को हर चेक पर हस्ताक्षर करने की आवश्यकता न हो। कोई संयुक्त खाता संचालित कर सकता है बशर्ते उसे एकल हस्ताक्षर की आवश्यकता हो।

5. मृतक के मामले:
   (a) **मृतक के कागजात:** वसीयत का पता लगाने के लिए, एक व्यक्ति को मृतक द्वारा छोड़े गए व्यक्तिगत कागजात के माध्यम से जाने की जरूरत है, अपने या अपने बैंक के साथ अतीत और वर्तमान सॉलिसिटर की जांच करें कि क्या वे अपनी इच्छा रखते हैं। यह रजिस्ट्री की सुरक्षित अभिरक्षा में भी जमा किया गया हो सकता है।
   (b) **बैंक प्रत्यक्ष डेबिट और स्थायी आदेश / क्रेडिट कार्ड**: किसी को सभी प्रत्यक्ष डेबिट जनादेशों और स्थायी आदेशों की जांच करनी चाहिए। यदि मृतक के एकमात्र नाम से बैंक खाते के माध्यम से भुगतान किया जाता है तो ये मृत्यु पर रोक लगा देते हैं। धोखाधड़ी के दुरुपयोग से बचने के लिए, सभी को यह सुनिश्चित करना चाहिए कि कार्ड कंपनियों को मृत्यु के नोटिस के साथ सभी क्रेडिट कार्ड लौटा दिए जाएं।
   (c) **कार्मिक प्रतिनिधि जो किसी संपत्ति का प्रभार लेने के लिए मृतक के आधिकारिक प्रतिनिधि हैं:**

   मृतक की संपत्ति का प्रभार लेने के लिए

बकाया ऋण और करों का भुगतान करने के लिए

यह पता लगाने के लिए कि कौन से व्यक्ति क्या बचे हैं, उसके हकदार हैं

यह सुनिश्चित करने के लिए कि लाभार्थियों को उनका उचित हिस्सा दिया जाए

(d) **सावधानी के एक शब्दः** यदि कोई भी मृतक व्यक्ति की संपत्ति के साथ काम करता है, ऐसा करने का कोई अधिकार नहीं है, तो वह दंड के लिए उत्तरदायी हो सकता है।

2.1 कार्य करने का अधिकार प्राप्त करना – प्रोबेट

यदि मृतक एक वसीयत छोड़ता है जिसे निष्पादक नाम देते हैं, तो निष्पादक को प्रोबेट के अनुदान के लिए उच्च न्यायालय के प्रोबेट डिवीजन पर आवेदन करना होगा। यदि वसीयत को डुप्लिकेट में बनाया जाता है, तो दोनों हिस्सों को प्रोबेट के लिए एक याचिका पर दर्ज किया जाना चाहिए। अगर कोई वसीयत नहीं है, तो संपत्ति के प्रशासकों को परिजनों के पास एक ही प्रोबेट डिवीजन द्वारा प्रशासन के पत्र दिए जाएंगे। जेब से खर्च हमेशा संपत्ति के बाहर भुगतान किया जाता है। वकालत / अदालती प्रक्रिया के भुगतान के लिए लगभग 50000 से 200000 रुपये की आवश्यकता होगी।

2.2 मृतक की संपत्ति से निपटना

व्यक्तिगत प्रतिनिधियों का कार्य मृतक की संपत्ति और भूमि के साथ-साथ नकदी और व्यक्तिगत प्रभावों को नियंत्रित करना है। उन्हें मकान या फ्लैट का मोटा मूल्यांकन देना होगा, जो मृतक के पास है, प्रोबेट रजिस्ट्री को। बाद में अंतर्देशीय राजस्व के एक मूल्यांकन अधिकारी द्वारा आंकड़ों की जांच की जाएगी। अदालती शुल्क में इस्तेमाल की गई संपत्ति की राशि या मूल्य संपत्ति के शुद्ध मूल्य को संदर्भित करता है।

2.3 कानूनी सलाह लेना

एक व्यक्ति एक वकील, एकाउंटेंट या बैंक को निर्देश दे सकता है कि वह संपत्ति को बंद कर दे। उनकी फीस पर्याप्त हो सकती है, इसलिए किसी को पहले यह पूछना चाहिए कि इसकी लागत कितनी हो सकती है। यदि मृतक के मामले सीधे हैं, तो एक सामान्य व्यक्ति उनसे निपट सकता है। निष्पादक संपत्ति से कानूनी शुल्क की प्रतिपूर्ति का दावा कर सकते हैं।

निष्पादनकर्ताओं को एक अलग बैंक खाता खोलना चाहिए, जिसे निष्पादक के खाते के रूप में जाना जाता

है, ताकि संपत्ति के भीतर और बाहर सभी भुगतानों का सावधानीपूर्वक रिकॉर्ड रखा जा सके और निष्पादक के व्यक्तिगत मामलों के साथ किसी भी भ्रम को दूर किया जा सके।

2.4 मृतक के लेनदार

निजी प्रतिनिधि करों का भुगतान करने और संपत्ति में मृतक के कारण मृतक ऋणों को संतुष्ट करने के लिए जिम्मेदार हैं। ऋणों का निपटान करने के लिए नकदी जुटाने के लिए परिसंपत्तियों को बेचा जा सकता है, लेकिन वसीयत के तहत लाभार्थियों को विशेष संपत्ति में रुचि हो सकती है।

2.5 लाभार्थियों को भुगतान करना

यदि खर्च, करों और ऋणों का भुगतान करने के बाद संपत्ति बची है, तो व्यक्तिगत प्रतिनिधियों को उन्हें इच्छा के अनुसार वितरित करना चाहिए।

2.6 मृत्यु से पहले: अपरिहार्य के लिए तैयारी

चुनाव वसीयत छोड़ने या निर्वसीयत मरने वाले के बीच होता है। एक वैध वसीयत यह सुनिश्चित करेगा कि हम यह निर्धारित कर सकते हैं कि हमारी मृत्यु के बाद हमारी संपत्ति का क्या होगा। अगर हम वसीयत नहीं बनाते हैं, यानी हम मर जाते हैं, तो कानून यह निर्धारित करता है कि हमारी संपत्ति किसको और किस अनुपात में वितरित की जाएगी।

2.7 मृत्यु से पहले: क्या वसीयत बनानी है

बिना वसीयत के, संपत्ति और सामान आंतों के कानून के अनुसार मृत्यु पर वितरित किया जाएगा। निकटता के क्रम में आंतों के कानून रक्त संबंधियों को लाभान्वित करते हैं, लेकिन दान और करीबी दोस्तों को कुछ नहीं मिलता है। इसलिए अच्छे कारण वसीयत बनाने के लिए मौजूद हैं।

2.8 वसीयत बनाने के बारे में कैसे जाना है

कोई भी वकील आपके लिए वसीयत तैयार कर सकता है। निम्नलिखित कारकों के आधार पर फीस 50000 रुपये से कम से लेकर 200000 तक भिन्न हो सकती है:

- संपत्ति का आकार

- वसीयत की जटिलता

वकील के साथ अग्रिम में पुष्टि करना अच्छा है कि कानूनी लागत कितनी होगी।

नोट: यदि कोई निष्पादक बैंक या इसी तरह के संगठन या वकील या एकाउंटेंट के रूप में नामांकन करता है, तो आम तौर पर वसीयत में एक खंड शामिल होता है जिसे वे अपने पेशेवर शुल्क के लिए चार्ज करेंगे।

व्यक्ति अपनी वसीयत स्वयं भी लिख सकता है।

2.9 एक वसीयत का उदाहरण

एक नमूना वसीयत का प्रारूप निम्नानुसार होगा:

मैं, ____, ____ के बेटे, उम्र ____ साल, पते के साथ ____, मेरे द्वारा बनाई गई मेरी सभी पूर्व वसीयत को रद्द कर रहा हूँ। ***मैं इसे अपनी अंतिम वसीयत बताता हूं।***

मैं अच्छे स्वास्थ्य का हूं और एक अच्छे दिमाग का अधिकारी हूं। यह वसीयत मेरे द्वारा स्वतंत्र रूप से बनाया गया है। मुझे इस वसीयत को बनाने में किसी ने भी प्रभावित या विवश नहीं किया है।

मैं इसके द्वारा ____ को नियुक्त करता हूं, इस वसीयत के एकमात्र कार्यकारी के रूप में।

मेरी पत्नी का नाम ____ है। हमारे पास ____ बच्चे हैं, जिनके नाम इस प्रकार हैं:

1.

2.

मेरे पास निम्नलिखित अचल और चल संपत्ति है:

1. ____ *पता में एक फ्लैट*

2. *आभूषण, विभिन्न कंपनियों में शेयर, बैंक खातों में नकदी और नकदी।*

मेरे पास सभी संपत्तियां हैं। इन परिसंपत्तियों पर मेरा पूरा अधिकार है।

मैं निम्नलिखित तरीकों से अपने सभी चल और अचल संपत्तियों को निम्नलिखित व्यक्तियों को सौंपता हूं

1. *अपनी पत्नी को मैं अपने बैंक खाते देता हूं*

2. *अपने बेटे को मैं अपना घर देता हूं*

(   )

वसीयतकर्ता का हस्ताक्षर

दिनांक

वसीयतकर्ता द्वारा हमारी उपस्थिति में अंतिम इच्छा के रूप में हस्ताक्षरित। हमने सामग्री को पूरी तरह से समझा और अनुमोदित किया है और जिसने वसीयतकर्ता की उपस्थिति में और एक दूसरे की अध्यक्षता में साक्षी के रूप में हमारे नामों पर हस्ताक्षर किए हैं।

विटनेस:

1.

2.

अध्याय 3
वसीयत का परिचय

3.1 वसीयत क्या है

वसीयत का मतलब है कि संपत्ति के संबंध में वसीयतकर्ता के इरादे की कानूनी घोषणा, जिसे वह अपनी मृत्यु के बाद लागू करना चाहता है (AIR 1967 गुजरात 214 / AIR 1966 MP 251)

वसीयत एक ऐसा साधन है जिसके द्वारा एक व्यक्ति अपनी संपत्ति को उसकी मृत्यु के बाद प्रभावी होने के लिए फैलाता है और जो अपने जीवन के दौरान अपनी ही प्रकृति में मौजूद है।

इंडियन सक्सेशन एक्ट 1925 (भारतीय उत्तराधिकार अधिनियम 1925, ISA 1925): यह एक कानून था जो आंतक और वसीयतनामा के उत्तराधिकार के लिए लागू कानून को मजबूत करता था। इस अधिनियम में वसीयत का कानून निहित है। यह मुसलमानों पर लागू नहीं होता

है और मुसलमानों द्वारा निष्पादित वसीयत मुस्लिम कानून के नियमों द्वारा शासित होती है।

हिंदू कानून शुरू में वसीयत को मान्यता नहीं देता था। संस्कृत को 'विल' के लिए कोई शब्द नहीं मिला है। लेकिन ब्रिटिश भारत के आगमन ने लगता है कि हिंदुओं को, विशेष रूप से बॉम्बे और कलकत्ता में और बंगाल प्रेसीडेंसी में, वसीयत बनाने के लिए प्रेरित किया है। अभ्यास समय के साथ अन्य स्थानों पर फैल गया। न्यायिक फैसलों ने इस पर ध्यान दिया और इसे कानूनी मान्यता दी। अंततः इस विधि को विधि-विधान से विधि-विधान से किया गया।

जैसा कि उल्लेख किया गया है, वसीयतनामा केवल वसीयतकर्ता की मृत्यु पर प्रभाव डालता है और उसके जीवनकाल के दौरान एक एम्बुलेटरी दस्तावेज होता है, जो किसी भी समय निरर्थक होता है और कोई भी कानूनी प्रभाव नहीं होता है (ब्लैक लॉ नियम)।

एस्टेट प्लानिंग में उपयोग किए जाने वाले सबसे महत्वपूर्ण उपकरण के रूप में, वसीयत को हमेशा निर्माता (या वसीयतकर्ता) की स्थिति, संपत्ति और इच्छाओं के लिए अलग-थलग करना होगा। लिखित वसीयतकर्ता को गवाह की उपस्थिति में वसीयतकर्ता द्वारा हस्ताक्षरित किया जाता है। यह दस्तावेज़ में

विनिर्देशों के अनुसार संपत्ति वितरित करने के लिए उसकी मृत्यु पर संचालित होता है। कानून कुछ दायित्वों को लागू करता है, जिसमें कर देयताएं, ऋण, अंतिम संस्कार खर्च और प्रशासन की लागत का भुगतान करना प्राथमिक कर्तव्य शामिल है। कानून एक मृतक की संपत्ति में एक जीवित पत्नी के कानूनी अधिकारों के लिए भी प्रावधान करता है और सार्वजनिक नीति के आधार पर, शादी को हतोत्साहित करने, संपत्ति को बर्बाद करने या अनुचित समय के लिए धन की व्यवस्था करने पर पहचान करने से इनकार करता है।

3.2 वसीयत का अर्थ

विल लैटिन शब्द "voluntus" का एक अनुवाद है जो एक शब्द था जिसका उपयोग रोमन कानून के पाठ में वसीयतकर्ता के इरादे को व्यक्त करने के लिए किया गया था। यह महत्वपूर्ण है कि अमूर्त शब्द का अर्थ उस दस्तावेज से है जिसमें इरादा निहित है। इसका अर्थ है "एक व्यक्ति के इरादों की कानूनी घोषणा, जो उसकी मृत्यु के बाद किया जाएगा"। एक अंतिम वसीयत और वसीयतनामा को "हमारी वसीयत का एकमात्र वाक्य" के रूप में परिभाषित किया गया है, जिसे छूने से हम अपनी मृत्यु के बाद क्या करेंगे। प्रत्येक वसीयतनामा मृत्यु द्वारा

भस्म हो जाता है, और जब तक वह मर नहीं जाता है, तब तक एक वसीयतकर्ता की इच्छा लागू नहीं होती है। एक वसीयत एक आदमी के वसीयतनामा के इरादों का समुच्चय है, जहां तक वे लिखित रूप में प्रतिमा के अनुसार विधिवत निष्पादित किए गए हैं। जनरल क्लाज एक्ट के तहत, एक 'विल' में एक कोडिकिल शामिल होता है और प्रत्येक लेखन संपत्ति का स्वैच्छिक मरणोपरांत वितरण करता है।

वसीयत एक व्यक्ति द्वारा अपने जीवन के दौरान बनाई गई संपत्ति का एक स्वभाव है, लेकिन उसकी मृत्यु के बाद प्रभावी होने का इरादा है। इसे ISA 1929 की धारा 2 (h) में परिभाषित किया गया है, जिसका अर्थ है "अपनी संपत्ति के संबंध में एक वसीयतकर्ता के इरादे की कानूनी घोषणा, जिसे वह अपनी मृत्यु के बाद प्रभाव में लाना चाहता है"। विल एक गुप्त और गोपनीय दस्तावेज है जिसे निष्पादक को कभी भी उत्पादन करने का आदेश नहीं दिया जाता है. [A 1949 PC 151]. वसीयत करने वाले की मृत्यु पर प्रभाव डालती है और उसके जीवन काल के दौरान एक एम्बुलेटरी (बदलने के लिए प्रतिसंहरणीय विषय होता है: परिवर्तन के लिए सक्षम) किसी भी समय दस्तावेज़ निरस्त होता है, जो कोई भी कानूनी प्रभाव नहीं रखता है. [Blacks कानून शब्दकोश 1990 संस्करण p80]

3.3 वसीयत का उद्देश्य

वसीयत निम्नलिखित में से किसी भी उद्देश्य से बनाया जा सकता है:

i. उसकी मृत्यु के बाद वसीयतकर्ता की संपत्ति के निपटान के लिए और एक निष्पादक नियुक्त करने के लिए

ii. वसीयतनामा संरक्षक की नियुक्ति के लिए

iii. नियुक्ति की शक्ति का प्रयोग करने के लिए और

iv. पिछली वसीयत को रद्द करने या बदलने के लिए।

3.4 वसीयत की आवश्यक विशेषताएं

किसी भी वसीयत के तीन आवश्यक लक्षण निम्नलिखित हैं

i. वसीयतकर्ता के इरादे की कानूनी घोषणा होनी चाहिए

ii. घोषणा वसीयतकर्ता की संपत्ति के संबंध में होनी चाहिए

iii. यह घोषणा इस आशय की होनी चाहिए कि इसे वसीयतकर्ता की मृत्यु के बाद संचालित किया जाना है अर्थात यह वसीयतकर्ता के जीवन के दौरान निरर्थक होना चाहिए।

यदि उपरोक्त तीनों में से कोई भी आवश्यक अंतराल है, तो दस्तावेज़ एक वसीयत नहीं है।

वसीयत का अर्थ है कि संपत्ति के संबंध में वसीयतकर्ता के इरादे की कानूनी घोषणा, जिसे वह अपनी मृत्यु के बाद लागू करना चाहता है [AIR 1967 गुजरात 214 / AIR 1966 MP 251]

वसीयत एक इरादे की घोषणा मात्र होती है, जब तक कि वसीयतकर्ता जीवित है, एक ऐसी घोषणा जिसे निरस्त किया जा सकता है या इरादे में भिन्नता के अनुसार विविधता हो सकती है। यह एक वसीयतनामा है जिसके लिए इसके सेवन के लिए वसीयतकर्ता की मृत्यु की आवश्यकता होती है और उसकी मृत्यु के होने तक निश्चित प्रभाव के बिना होता है।

3.5 कौन सा कानून वसीयत को नियंत्रित करता है

वसीयतकर्ता के कानूनी निवास की स्थिति के कानून, जहां व्यक्तिगत संपत्ति शामिल है, की वैधता (या गैर-

वैधता) निर्धारित करते हैं। लेकिन क्योंकि प्रत्येक राज्य अपनी सीमाओं के भीतर स्थित भूमि को शीर्षक तय करने का अधिकार रखता है, राज्य का कानून जहां वास्तविक संपत्ति स्थित है, अचल संपत्ति के संबंध में इच्छाशक्ति की वैधता और प्रभाव को नियंत्रित करता है। वसीयतकर्ता का अधिवास उसकी चल संपत्ति की चिंता करता है।

3.6 आलेखन के बाद वसीयत को कहां रखा जाए

सुरक्षित जमा बॉक्स सबसे उपयुक्त स्थान है यदि इसे वसीयतकर्ता की मृत्यु के बाद अनुचित देरी के बिना खोला जा सकता है: वैकल्पिक रूप से, वसीयत को निष्पादक या परीक्षणकर्ता के वकील को दिया जा सकता है या घर पर व्यक्तिगत कागजात के साथ सुरक्षित स्थान पर रखा जा सकता है। किसी भी स्थिति में यह 'निराश उत्तराधिकारी' के लिए सुलभ नहीं होना चाहिए।

3.7 वसीयत की भाषा

वसीयत को किसी भी भाषा में लिखा जा सकता है और कोई भी तकनीकी शब्द आवश्यक नहीं है. [(1909) ILR

36 Cal 149,156]. केवल शब्दांकन ही ऐसा होगा कि वसीयतकर्ता के इरादे को ज्ञात किया जा सकता है. [Section 74 of ISA 1925]. किसी भी सामग्री स्याही या पेंसिल के साथ एक वसीयत लिखा जा सकता है। यह आंशिक रूप से स्याही में और आंशिक रूप से पेंसिल में हो सकता है।

3.8 वसीयत का रूप

वसीयत किसी भी रूप में हो सकता है, लेकिन प्रभावी होने के लिए, यह अधिनियम द्वारा आवश्यक रूप से हस्ताक्षरित और सत्यापित होना चाहिए। यह आवश्यक नहीं है कि वसीयत के रूप में काम करने के लिए यह एक वसीयतनामा के रूप में होना चाहिए, लेकिन सभी मामलों में होना चाहिए, "ऐनिमस अन्टेंटस टेस्टैंडी" यानी इरादे कि लेखन एक वसीयत के रूप में संचालित होना चाहिए।

3.9 वसीयत का निर्माण [Section 74 of ISA 1925]

वसीयत की रिकॉर्डिंग - यह आवश्यक नहीं है कि किसी भी तकनीकी शब्दों या कला की शर्तों का उपयोग

वसीयत में किया जाए, लेकिन शब्दांकन ऐसा हो कि वसीयतकर्ता के इरादे का पता चल सके।

i. अदालत में, वसीयतकर्ता के इरादे का एकमात्र वैध साक्ष्य है, स्वयं वसीयत, ठीक से प्रमाणित, और कोई भी वसीयतनामे का परवर्ती उत्तराधिकार पत्र ।

ii. वसीयत के निर्माण में दो कार्डिनल सिद्धांत देखे जा सकते हैं।

कानून का नियम

निर्माण का नियम।

कानून का नियम वह है जो कुछ शर्तों को पूरा करने पर प्रभावी होता है, हालांकि वसीयतकर्ता ने इसके विपरीत इरादा किया हो सकता है [Coward (1887) 57LT 285, AIR 1939 Cal 206]

निर्माण का एक नियम वह है जो इंगित करता है कि एक अदालत व्यक्त या निहित इरादों की अनुपस्थिति में क्या करेगी [1915 SC 207]

iii. एक अन्य सामान्य सिद्धांत जो अदालत वसीयत के निर्माण में लागू होता है वह यह है कि तकनीकी शब्दों या ज्ञात कानूनी आयात के शब्दों को उनके तकनीकी अर्थों में या उनकी सख्त

स्वीकृति के अनुसार उपयोग किया जाना माना जाता है, जब तक कि संदर्भ विपरीत इंगित नहीं करता है [(1843) 6 MAW and G314, 342].

iv. निर्वसीयतता आमतौर पर अनुमान नहीं लगाया जाता है [Bailey (1951) Ch 407, 410].

v. वसीयतकर्ता के इरादे का पता लगाने के लिए, अदालत तीन अलग-अलग सवालों से चिंतित है

1. अभिप्राय व्यक्त करने के लिए वसीयतकर्ता ने किन शब्दों का उपयोग किया है
2. वर्णित व्यक्तियों और चीजों के संबंध में ऐसे शब्दों का क्या अर्थ है
3. इस तरह की संपत्ति के संबंध में इस तरह के शब्दों का अर्थ क्या है।

जब वसीयतकर्ता के इरादे का पता चला है, तो अदालत ने यह पता लगाने के लिए कि क्या कोई नियम है जो इरादे को प्रभावी होने से रोक रहा है और कैसे इस आशय को प्रभावित किया जा सकता है (Halisburys Laws of England)।

3.10 वसीयत के अम्बुलेटरी चरित्र

एक वसीयतनामा की आवश्यक गुणवत्ता, वसीयतकर्ता के जीवनकाल के दौरान उसकी निरर्थकता है।

एक "वसीयतनामा" एक ऐसा उपकरण है जिसके द्वारा एक व्यक्ति अपनी संपत्ति को अपनी मृत्यु के बाद प्रभावी होने के लिए एक स्वभाव बनाता है, और जो अपने स्वयं के स्वभाव में है और अपने जीवन के दौरान विद्रोही है।

वसीयत के अम्बुलेटरी चरित्र को अक्सर इसकी प्रमुख विशेषता के रूप में इंगित किया गया है, इसे एक जीवित व्यक्ति के काम से साधारण स्वभाव से अलग करना है।

वसीयत के अम्बुलेटरी चरित्र को अक्सर इसकी प्रमुख विशेषता के रूप में इंगित किया गया है, इसे प्रतिष्ठित करते हुए, वास्तव में, एक जीवित व्यक्ति के काम से साधारण स्वभाव से, जो वास्तव में लाभकारी कब्जे को स्थगित कर सकता है या यहां तक कि डिस्पोजर की मृत्यु तक एक वशीकरण हो सकता है और फिर भी एक अपरिवर्तनीय साधन के तहत केवल अपनी व्यक्त शर्तों से इस तरह के स्थगन का उत्पादन करेगा और एक बयान जो कि एक अंतिम है, एक समझौते को नहीं बदलता है। एक वसीयत मनुष्य के वसीयतनामे के इरादों का समुच्चय है जो कि कद के अनुसार विधिवत निष्पादित होने पर लिखित रूप में प्रकट होता है।

सामान्य खंड अधिनियम के तहत, "वसीयत" में एक कोडिकिल और संपत्ति के स्वैच्छिक मरणोपरांत सहित हर लेखन शामिल है। वसीयतनामा या वसीयतनामा, इसे बनाने वाले व्यक्ति के इरादे के एक निर्धारित तरीके से घोषित किया जाता है, इस बात के संबंध में कि वह अपनी मृत्यु के बाद या उसके बाद (इंग्लैंड के हैलिस्बरी के कानूनों - 4 वें संस्करण) के प्रभाव को लेना चाहता है। साधन में एक संदर्भ की अनुपस्थिति कि यह जीवनकाल के बाद प्रभाव में आ जाएगी, अन्य परिस्थितियों में, कि यह एक इच्छा नहीं हो सकती है।

3.11 वसीयत के फायदे / महत्व

वसीयत आपको अपनी संपत्ति का चयन उन व्यक्तियों से करने की अनुमति देता है जिन्हें आप चुनते हैं, जिस समय आप चुनते हैं, आपके द्वारा निर्दिष्ट मात्रा और अनुपात में। आप यह भी इंगित कर सकते हैं कि आपकी संपत्ति की सुरक्षा कैसे की जाएगी और इसके संरक्षण के लिए कौन जिम्मेदार होगा। जो कोई 21 वर्ष या उससे अधिक उम्र का है और मानसिक रूप से एक वसीयत की प्रकृति को समझने में सक्षम है, वह एक हो सकता है। कुछ राज्यों में या कुछ शर्तों के तहत उम्र की आवश्यकता को कम या माफ किया जा सकता है।

3.12 निर्देश और स्वभाव

एक निर्देश पत्र आवश्यक जानकारी के साथ एक वकील या निष्पादक प्रदान कर सकता है और वसीयतकर्ता की इच्छाओं को पूरा करने के कार्य को सरल बना सकता है। ऐसा पत्र वसीयत का हिस्सा नहीं है, और किसी भी औपचारिक आवश्यकताओं का पालन नहीं करने की आवश्यकता है। इसका उद्देश्य संपत्ति की संपत्ति की एक विस्तृत सूची प्रस्तुत करना है, जन्म, विवाह, और सैन्य निर्वहन रिकॉर्ड, राशन कार्ड या सामाजिक सुरक्षा कार्ड, बीमा पॉलिसियों, बैंक खातों की एक सूची और सुरक्षित जमा सहित सभी आवश्यक दस्तावेजों के स्थानों के बारे में निर्देश दें। बक्से, शीर्षक कर्म, पेंशन कागजात और इतने पर, और व्यापार मामलों के परिसमापन के बारे में निर्देश संक्षेप में प्रस्तुत करते हैं।

पत्र के अन्य अंश संकेत दे सकते हैं कि वसीयत कहां रखी गई है।

3.13 वसीयत की तैयारी और निष्पादन

कुछ वैधानिक औपचारिकताएँ सभी वसीयत की तैयारी को नियंत्रित करती हैं। उदाहरण के लिए, वसीयत

लिखित रूप में होनी चाहिए, वारिस को संपत्ति पास करने के लिए वसीयतकर्ता के इरादे को प्रदर्शित करना चाहिए, और एक नियम के रूप में एक अन्य दस्तावेज या अन्य दस्तावेज शामिल कर सकते हैं जब वसीयत तैयार की गई हो और यदि वसीयत में पर्याप्त रूप से जोड़ की पहचान होगी। नियम में केवल वसीयत के लिए अपवाद लिखे गए हैं जो 'गैर-देनदार' या 'मौखिक' वसीयतें हैं। सभी वसीयतनामा भी हस्ताक्षरित करना होगा, या कुछ राज्यों में और अन्य न्यायालयों में अन्य स्थानों पर [Section 63 (a) of ISA 1925] के अंत में हस्ताक्षर के रूप में कुछ दृश्यमान चिह्न दिए जाने चाहिए।

अधिकांश राज्यों के लिए आवश्यक है कि दो गवाह, हस्ताक्षर, या गवाह के हस्ताक्षर [Section 63 (c) of ISA 1925] के लिए जाएं। कुछ अन्य राज्यों को तीन गवाहों की आवश्यकता है। जहां क़ानून की आवश्यकता होती है, वसीयत को प्रकाशित करना होगा, वसीयतकर्ता को यह बताते हुए कि वसीयत उसकी अपनी है। गवाह आम तौर पर वसीयतकर्ता और एक दूसरे की उपस्थिति में हस्ताक्षर करते हैं। किसी भी गवाह को वसीयत के तहत लाभार्थी नहीं होना चाहिए। गवाहों के हस्ताक्षर के सामने आने वाला एक सत्यापन खंड बताता है कि सभी औपचारिकताओं का अनुपालन किया गया है, लेकिन

अनिवार्य नहीं है। इस तरह का एक खंड केवल उचित निष्पादन के प्रमाण के रूप में कार्य करता है।

किसी दस्तावेज़ का निष्पादन हस्ताक्षर करना मात्र नहीं है। निष्पादक उसके द्वारा निष्पादित दस्तावेजों में भर्तियों का मालिक है। इसलिए, उसे अपने हस्ताक्षर [2000 (JV) CTC 490] से पहले दस्तावेजों की सामग्री और शर्तों को समझना चाहिए।

वसीयत दिनांकित होनी चाहिए। यदि वसीयत को दिनांकित नहीं किया जाता है, तो उस तिथि का प्रमाण जिस पर वसीयत को निष्पादित किया गया है, उस समय दिया जाना है जब प्रोबेट के लिए याचिका दायर की जाती है [S-276]।

अध्याय 4
वसीयत करना

4.1 कौन वसीयत कर सकता है

हर वह व्यक्ति जो नाबालिग नहीं है या अस्वस्थ मन का व्यक्ति है, वह भारतीय उत्तराधिकार अधिनियम 1925 की वसीयत बना सकता है (सेक 59 जो मुसलमानों को छोड़कर सभी पर लागू होता है) । जरूरी नहीं कि “असंदिग्ध दिमाग” के व्यक्ति का मतलब एक भद्दा, मूर्ख या पागल व्यक्ति हो, बल्कि एक ऐसा व्यक्ति भी हो, जो अन्यथा काफी समझदार हो, वह बीमारी के कारण, अपने उचित कामों में और किसी काम के लिए नहीं है। समझने के लिए सक्षम है कि वह क्या कर रहा है। यह आवश्यक है कि वह एक ध्वनि निस्तारण की स्थिति में होना चाहिए, जिसका अर्थ है कि उसे विभिन्न दावों के बारे में भी जागरूक होना चाहिए जो व्यक्तियों के पास उसकी संपत्ति पर है और वसीयत के तहत निपटाए गए

संपत्ति की सीमा को महसूस करने में सक्षम होना चाहिए [A 1966 इलाहाबाद 570] ।

मात्र वृद्धावस्था इच्छाशक्ति बनाने के लिए अक्षमता का कोई सबूत नहीं है [A 1962 पटना 481]। जब एक बीमार व्यक्ति द्वारा एक वसीयत बनाई जाती है, तो यह संतोषजनक सबूत देने की सलाह दी जाती है कि आदमी अपनी उचित इंद्रियों में है और जो वह घोषित करता है उसे समझने में सक्षम है। इस उद्देश्य के लिए, यह सबसे अच्छा होगा, यदि व्यावहारिक रूप से, वसीयत को एक डॉक्टर द्वारा सत्यापित किया जाना चाहिए, जो वसीयत के चरणों में एक प्रमाण पत्र भी संलग्न कर सकता है कि उसने खुद को संतुष्ट किया है कि वसीयतकर्ता अपनी उचित इंद्रियों में है। वसीयत का कोई भी भाग या वसीयत, जिसमें से धोखाधड़ी, जबरदस्ती या इस तरह के आयात के कारण होता है कि वसीयतकर्ता की मुक्त एजेंसी को हटाने के लिए शून्य हो जाएगा. [Section 61 of ISA 1925]

4.2 वसीयत तैयार करने से पहले विचार किए जाने वाले बिंदु

वसीयत का कोई विशेष रूप कानून द्वारा निर्धारित नहीं है, लेकिन देश में प्रचलित साधारण रूप जिसे सदियों से

पालन किया जा रहा है उसे आसानी से अपनाया जा सकता है। नियोजित भाषा तकनीकी शब्दों से यथासंभव सरल और मुक्त होनी चाहिए और एक आम आदमी के लिए आसानी से समझदार होनी चाहिए।

वसीयत तैयार करने से पहले, निम्नलिखित पर विचार करना आवश्यक है:

i. क्या वसीयत का मसौदा तैयार करने के लिए वसीयतकर्ता सक्षम है

ii. क्या वह जिस संपत्ति के लिए वसीयत करना चाहता है, वह कानूनी रूप से सही है और जो वसीयतकर्ता को वसीयत करने के लिए सक्षम है

iii. क्या डेविस को कानूनी रूप से सक्षम है कि वह डेविस ले।

iv. क्या वसीयतकर्ता जो हित पैदा करना चाहता है वह कानूनी रूप से बनाया जा सकता है।

v. क्या शर्तें जो कि वसीयतकर्ता को कानूनी रूप से थोपने की इच्छा है, लगाई जा सकती है

vi. क्या उसकी इच्छाओं को पूरा करने के लिए नियोजित मशीनरी पर्याप्त और कानूनी रूप से सही है

यदि किसी विलेख या दस्तावेज के पूरे या किसी हिस्से के रूप में विवरण लेखक या पार्टियों की वस्तु का पता लगाने में विफल रहता है और इसका कोई अर्थ नहीं निकाला जा सकता है, तो अनिश्चितता के लिए दस्तावेज़ या खंड को अस्वीकार कर दिया जाना चाहिए। यद्यपि एक दस्तावेज जो अस्पष्ट या निरर्थक है, उसे अस्वीकार कर दिया जाना चाहिए, अदालतें अक्सर उन्हें समझ में लाने के लिए और उन्हें प्रभाव देने के लिए उदारता से कसने का प्रयास करती हैं [देखें Odgers, Construction of deeds and statuettes, 5th संस्करण, pp 87-88]।

4.3 भारत में एक वसीयत कैसे बनाई जाती है

हिंदुओं, बौद्धों, सिखों, जैन और मुस्लिमों को छोड़कर सभी व्यक्तियों द्वारा वसीयत को भारतीय उत्तराधिकार अधिनियम 1925 द्वारा नियंत्रित किया जाता है। हालांकि, वसीयत से संबंधित उस अधिनियम के सबसे महत्वपूर्ण प्रावधान, जिनमें वसीयत के रूप से संबंधित हैं, हिंदुओं, बौद्धों, सिखों और जैनों द्वारा बनाई गई वसीयत को लागू किया गया है। [धारा 57]।

वसीयत के लिए भारतीय उत्तराधिकार अधिनियम द्वारा निम्नलिखित औपचारिकताएं निर्धारित की गई हैं:

i. वसीयत लिखित रूप में बनाई जानी चाहिए, सिवाय इसके कि एक सिपाही या एयरमैन सक्रिय सेवा में हो या समुद्र में एक समुद्री यात्री, जो हिंदू, बौद्ध, सिख या जैन नहीं है, एक मौखिक वसीयत कर सकता है [धारा 63, 65]।

ii. इसे उसकी उपस्थिति में और उसकी दिशा [धारा 63 (ए)] द्वारा वसीयतकर्ता या किसी अन्य व्यक्ति द्वारा हस्ताक्षरित या चिह्नित किया जाना चाहिए। हस्ताक्षर को इस तरह रखा जाना चाहिए कि यह दिखाई दे कि इसका उद्देश्य वसीयत के रूप में लेखन को प्रभाव प्रदान करना था [धारा 63 (बी)]। सबसे अच्छा स्थान लेखन के अंत में है।

iii. वसीयत को दो या दो से अधिक व्यक्तियों द्वारा सत्यापित किया जाना चाहिए, जिनमें से प्रत्येक ने वसीयतकर्ता को अपने हस्ताक्षर या निशान बनाने के लिए देखा है या किसी अन्य व्यक्ति को वसीयतकर्ता की उपस्थिति और दिशा में हस्ताक्षर करते हुए देखा है, या वसीयतकर्ता से एक व्यक्तिगत पावती प्राप्त की है उसके हस्ताक्षर या निशान या किसी अन्य व्यक्ति के हस्ताक्षर। उपस्थित होने वाले प्रत्येक गवाह को वसीयतकर्ता की उपस्थिति में वसीयत पर हस्ताक्षर करना

चाहिए, लेकिन यह आवश्यक नहीं है कि एक ही समय में एक से अधिक गवाह मौजूद हों [धारा 63 (ग)]। ऐसे मामले में जहां उपस्थित गवाहों के हस्ताक्षर वसीयतकर्ता के अंगूठे के निशान से ऊपर दिखाई देते थे, यह माना जाता था कि सत्यापन अमान्य था, क्योंकि गवाहों ने निष्पादक [(1998) 8 SCC 598] से पहले ही इस पर हस्ताक्षर किए थे।

4.4 वसीयत का पंजीकरण

(a) वसीयत का पंजीकरण वैकल्पिक है [धारा 18, 1962 SC 567]। पंजीकरण अधिनियम के भाग IX में विशेष प्रावधान हैं, जिसके तहत एक वसीयतकर्ता रजिस्ट्रार के साथ एक सीलबंद कवर में अपनी वसीयत जमा कर सकता है। वसीयतकर्ता की मृत्यु पर, कोई भी व्यक्ति रजिस्टर में वसीयत को खोला और कॉपी कर सकता है। न्यायालय को रजिस्ट्रार से ऐसी वसीयत के उत्पादन की भी आवश्यकता हो सकती है, जो उसे अपने रजिस्टर में कॉपी करने के बाद उसे खोलेगी और अदालत में भेजेगी।

(b) बस इस तथ्य पर कि एक वसीयत पंजीकृत नहीं है, यह इस बात की कोई कम संभावना नहीं है कि

वसीयत को निष्पादित किया गया है [AIR 1954 SC 280]। सर्वोच्च न्यायालय ने स्पष्ट रूप से माना है कि यदि वसीयत को पंजीकृत नहीं किया गया है तो वसीयत की प्रतिकूलता के खिलाफ प्रतिकूल निष्कर्ष निकालना कानून द्वारा वारंट नहीं है।

(c) वसीयत के पंजीकरण का प्रभाव: बस एक गैर-पंजीकरण वसीयत की वास्तविकता के खिलाफ एक विरोध का गठन नहीं कर सकता है, केवल पंजीकरण वसीयत के सबूत की आवश्यकता को दूर नहीं करता है [AIR 1995 केरल 208]। इसकी वास्तविकता को नहीं माना जा सकता है [(1999) 2 Mad LJ 634/DB] ।

(d) संदेह दूर करने के रूप में पंजीकरण नहीं लिया जाएगा। गैर-पंजीकरण भी एक संदिग्ध परिस्थिति नहीं है [AIR 2009 NOC 274], [2005 All LJ 1062]।

4.5 वसीयत में सुधार करना

वसीयत में किए गए सभी विघटन, अंतरविरोध और अन्य परिवर्तनों को वसीयत के रूप में निष्पादित किया जाना चाहिए, अर्थात इसे वसीयतकर्ता द्वारा हस्ताक्षरित किया

जाना चाहिए और गवाहों द्वारा सत्यापित किया जाना चाहिए [धारा 71]। यह तब किया जा सकता है जब वसीयतकर्ता और गवाहों द्वारा एक या दो परिवर्तन किए जाते हैं और परिवर्तन के विपरीत मार्जिन पर हस्ताक्षर करते हैं, लेकिन यदि कई परिवर्तन हैं, तो अंत में एक ज्ञापन करना अधिक सुविधाजनक होना चाहिए।

अध्याय 5
वसीयतकर्ता का इरादा

5.1 वसीयतकर्ता कौन है?

वसीयतकर्ता (टेस्टेटर) एक मृत व्यक्ति है जिसने एक वैध वसीयत या कोडिकिल छोड़ा हैं। आधुनिक उपयोग में, एक व्यक्ति जो एक वसीयत छोड़ता है उसे वसीयतकर्ता कहा जाता है।

5.2 इरादा: शब्दकोश अर्थ (हैलिस्बरी कानून के अनुसार)

इरादा को किसी विशेष वस्तु के लिए मन की निश्चित दिशा या किसी विशेष तरीके से कार्य करने के दृढ़ संकल्प के रूप में परिभाषित किया गया है। यह उस मकसद से अलग है जो कार्रवाई को उत्तेजित या उत्तेजित करता है। एक आदमी का इरादा उसके कृत्यों से आंका जाना चाहिए न कि उसके दिमाग में क्या हो

सकता है। संपूर्ण लेनदेन को ध्यान में रखकर इसका पता लगाया जाना चाहिए [रघुबीर सिंह बनाम आयकर आयुक्त - AIR 1958 पंजाब 250]।

इरादा उद्देश्य या डिजाइन है जिसके साथ एक कार्रवाई की जाती है। यह क्रिया का पूर्वज्ञान है, इस की इच्छा के साथ युग्मित है, इस तरह के पूर्वाभास और अधिनियम के कारण होने की इच्छा है, जितना कि वे वसीयतनामा के संचालन के माध्यम से खुद को पूरा करते हैं [जॉन सालमंड, Jurisprudence पृष्ठ 378]।

एक वसीयतनामा दस्तावेज़ के लिए शब्दों के किसी विशेष रूप की आवश्यकता नहीं होती है। वसीयतनामा किसी भी रूप में और किसी भी भाषा में बनाया जा सकता है। यह खंड इस बात पर जोर देता है कि वसीयत बनाने में किसी भी तकनीकी शब्द या कला की शर्तों का उपयोग करने की आवश्यकता नहीं है। लेकिन यदि तकनीकी शब्दों का उपयोग वसीयतकर्ता द्वारा किया जाता है, तो उन्हें उनके कानूनी अर्थों में उपयोग करने के लिए माना जाएगा जब तक कि संदर्भ स्पष्ट मंशा को इंगित नहीं करता है [Thillusion v Wordfall – 4 Vis 329]

जब किसी वसीयतकर्ता ने किसी न किसी रूप में वसीयत को अंजाम दिया है, तो यह मानना चाहिए कि

जब वह वसीयत बनाने की प्रक्रिया से गुजरा है तो उसकी वसीयत के बिना मरने का इरादा नहीं था। यह सुनहरा नियम है [Thebold, Law of Wills 14th Edition p189]।

वसीयत के निर्माण में दो कार्डिनल सिद्धांत देखे जाने चाहिए। कानून का शासन और निर्माण का नियम। निर्माण का एक नियम वह है जो इंगित करता है कि अदालत व्यक्त या निहित इरादे के अभाव में क्या करेगी। कानून का एक नियम वह है जो कुछ शर्तों को पूरा करने पर प्रभावी होता है, हालांकि यह संभव है कि वसीयतकर्ता ने विपरीत का इरादा किया हो [Re Concord (1887) S7 LT 285] ।

5.3 वसीयतकर्ता का इरादा क्या है?

वसीयत के निर्माण का निर्धारण करने में, हमें यह देखना चाहिए कि वसीयतकर्ता की मंशा क्या है। हिंदू कानून, अंग्रेजी कानून से कम नहीं, इरादे को उस तत्व के रूप में इंगित करता है जिसके द्वारा हम वसीयतनामा के प्रभाव का निर्धारण करने में निर्देशित होने वाले हैं; न ही एक कानून और दूसरे में उन सामग्रियों के बीच कोई अंतर है जहां से इरादा एकत्र किया जाना है। मुख्य रूप से वसीयत के शब्दों पर विचार किया जाना है। वे

वसीयतकर्ता की इच्छाओं की अभिव्यक्ति करते हैं, लेकिन इन से जुड़े होने का अर्थ आस-पास की परिस्थितियों से प्रभावित हो सकता है और जहां यह मामला है, ऐसी परिस्थितियों पर कोई संदेह नहीं किया जाना चाहिए [लक्ष्मणन v आर रमियर (1953) 4 एससीआर 848].

वसीयतकर्ता द्वारा दिखाया गया वसीयतकर्ता का इरादा बाद के आयोजनों [हालिसबरी के नियम] के वास्तविक पाठ्यक्रम के अनुसार भिन्न नहीं हो सकता है। लॉर्ड मौलटन की टिप्पणियों को दोहराते हुए, मुखर्जी जे [जेबा बनाम जितेंद्र, एआईआर 1949, पीसी 64, 68] में देखे गए –

"सभी अधिकारी इस बात से सहमत हैं कि एक वसीयत में मनाया जाने वाला कार्डिनल नियम वसीयतकर्ता के वास्तविक इरादे का पता लगाने के लिए है, जो कि वसीयत में व्यक्त शब्दों या निहितार्थ द्वारा ही घोषित होता है। अदालत का प्राथमिक कर्तव्य पूरे दस्तावेज की भाषा से पता लगाना है कि वसीयतकर्ता के इरादे क्या हैं। बिंदु को आसपास की परिस्थितियों पर विचार करना चाहिए, वसीयतकर्ता की स्थिति, उसके पारिवारिक संबंध, संभावना है कि वह एक विशेष अर्थ में शब्दों का उपयोग करेगा और कई अन्य चीजें जो अक्सर कुछ

सुरम्य आकृति में अभिव्यक्त होती हैं, अदालत को स्वयं को वसीयतकर्ता की कुर्सी में ही डालने की ज़रूरत है।"

वसीयतकर्ता के इरादे का पता लगाने के लिए, अदालत तीन अलग-अलग सवालों से चिंतित है:

i. वसीयतकर्ता ने अपने इरादे जाहिर करने के लिए किन शब्दों का इस्तेमाल किया है

ii. व्यक्तियों और वर्णित चीजों के संबंध में ऐसे शब्दों का क्या अर्थ है; तथा

iii. इस तरह की संपत्ति के वादे के संबंध में शब्दों का क्या अर्थ है

जब वसीयतकर्ता के इरादे का पता चला है, तो अदालत द्वारा अगली जांच यह पता लगाने के लिए होनी चाहिए कि क्या कोई नियम है जो इरादे को प्रभावी होने से रोकता है और इरादे को कैसे प्रभावित किया जा सकता है [हैलीसबरी law]।

5.4 वसीयतकर्ता का इरादा

अदालत का प्राथमिक कर्तव्य यह है कि वह वसीयतकर्ता के इरादे का पता लगाने का प्रयास स्वयं उसे पूरी तरह से पढ़कर करे। अदालत को किसी भी

अनुमान या अटकल में यह नहीं कहना चाहिए कि यदि उसके द्वारा उपयोग की गई भाषा और उससे बेहतर सलाह दी गई हो या बेहतर सलाह दी गई हो तो वसीयतकर्ता क्या करेगा। ऐसा करने के लिए अदालत हकदार है और वसीयत में इस्तेमाल किए गए शब्दों के अलावा अन्य मामलों को ध्यान में रखने के लिए बाध्य है। [AIR 1945 PC 113, AIR 1991 Kant 86].

अदालत को यह सुनिश्चित करना चाहिए कि जहां तक संभव हो, वसीयतकर्ता का इरादा प्रभावित हो [धारा 87]। वसीयतकर्ता के इरादे को अलग नहीं किया जाएगा क्योंकि यह पूरी तरह से प्रभावी नहीं हो सकता है, लेकिन जहां तक संभव हो इसके लिए प्रभाव देना होगा।

वसीयत का निर्माण, पहली जगह में वसीयत के प्रावधानों की वैधता के सवाल से काफी अलग माना जाता है। इरादे का पता लगाने के लिए, वसीयत को बिना किसी परिणाम के संदर्भ के बिना पूरे पढ़ा जाना चाहिए (यदि कोई नियम कानून का उल्लंघन किया जाता है)। एक बार इरादा इकट्ठा हो जाने के बाद, कानून का नियम यह पता लगाने के लिए लागू किया जाना चाहिए कि क्या अदालत पूरी तरह से या भाग में ले जा सकती है।

सभी मामलों में, अदालत का प्राथमिक कर्तव्य वसीयतकर्ता की भाषा से पता लगाना है कि उसकी मंशा

क्या थी, यानी इच्छा को समझना। ऐसा करने में यह सच है कि वे केवल इस्तेमाल किए गए शब्दों की तुलना में अन्य मामलों को ध्यान में रखने के हकदार और बाध्य हैं। उन्हें आस-पास की परिस्थितियों, वसीयतकर्ता की स्थिति, उसके पारिवारिक संबंधों, इस संभावना पर विचार करना चाहिए कि वह किसी विशेष अर्थ में शब्दों का उपयोग करेगा और कई अन्य चीजें। ऐसी आस-पास की परिस्थितियों में, जिस पर न्यायालय विचार करने के लिए बाध्य है, कोई भी जाति और धार्मिक मतों से अधिक महत्वपूर्ण नहीं होगा और अदालत उन्हें मानने के लिए बाध्य है, जो कि वसीयत में उत्पन्न होने वाले प्रभाव और उद्देश्य के मद्देनजर मौजूद हैं। अदालत को इन मामलों में अभिव्यक्ति में दोषों की अनुमति देने से इंकार करना उचित है, ताकि वसीयतकर्ता के सच्चे इरादों को पूरा करने से रोका जा सके। हालांकि, वसीयतकर्ता के इरादों का उपयोग उनके द्वारा उपयोग किए जाने वाले शब्दों के उचित निर्माण द्वारा किया जाना चाहिए, और एक बार पता लगाने के बाद, उन्हें नहीं छोड़ना चाहिए। [AIR 1932 कलकत्ता 600]।

यह निर्माण का एक सुव्यवस्थित नियम है कि किसी दस्तावेज़ (वसीयत) में इस्तेमाल किए जाने वाले समान शब्दों को तब तक ही अर्थ दिया जाता है जब तक कि इसके विपरीत कोई स्पष्ट इरादा न हो [AIR 1965 SC

1730]। स्पष्ट और असंदिग्ध डिस्पोजेबल शब्दों को किसी भी सामान्य अभिव्यक्ति के इरादे से नियंत्रित या योग्य नहीं किया जा सकता है [AIR 1932 Cal 600]।

उसी समय, यह मान्यता दी जानी चाहिए कि स्थानीय भाषा में दस्तावेज़ अक्सर ढीली और गलत भाषा में व्यक्त किए जाते हैं और इस प्रकार कभी-कभी एक अर्थ को विशिष्ट शब्दों में देना होता है, ऐसा करने पर संदर्भ उचित साबित होता है [AIR 1930 PC 242]]। एक वसीयत में विशेष शब्दों का निर्माण दूसरी वसीयत में समान शब्दों के संदर्भ में नहीं किया जाना चाहिए। वसीयतकर्ता को अभिप्रायकर्ता के इरादे का पता लगाने के लिए एक पूरे के रूप में पढ़ा जाना चाहिए और जहाँ अभिप्राय स्पष्ट रूप से कुछ विशेष खंडों में अस्पष्ट शब्दों द्वारा व्यक्त किया गया है, अन्य खंडों में दूसरे शब्दों को उनके द्वारा निरस्त किया जाना चाहिए [AIR 1920 Patna 323]

5.5 स्वलिखित इच्छापत्र (Holographic will)

होलोग्राफिक वसीयत एक वसीयत है जो खुद वसीयतकर्ता द्वारा लिखी जाती है। एक होलोग्राफ वसीयत संकेत दिखा सकता है कि वसीयतकर्ता पूरी तरह से सचेत था कि वह क्या कर रहा है और इस तरह

का वसीयत आसानी से उपेक्षित नहीं होगा। [AIR 1929 Cal 290 / AIR 1960 Cal 551]

होलोग्राफिक वसीयत के मामले में एक बहुत ही अच्छे कारण के लिए वास्तव में वसीयतनामा के पक्ष में एक अनुमान है कि शारीरिक रूप से अपनी इच्छा लिखने में वसीयतकर्ता का दिमाग अधिक स्पष्ट है। जब वसीयतकर्ता का कहना है कि उसने गवाहों की उपस्थिति में वसीयत पर हस्ताक्षर किए और उसकी उपस्थिति में और एक-दूसरे की उपस्थिति में गवाहों ने हस्ताक्षर किए हैं, तो यह निष्पादन और सत्यापन में नियमितता का मजबूत अनुमान लगाता है [AIR 1964 SC 29].

उस व्यक्ति की लिखावट में पूरी तरह से एक दस्तावेज को स्वीकार करते हुए, जिसके हस्ताक्षर उसके पास हैं, कानून एक होलोग्राफिक वसीयत के पक्ष में वास्तविकता का एक बड़ा अनुमान लगाता है। एक होलोग्राफिक वसीयत यह संकेत दे सकता है कि वसीयतकर्ता पूरी तरह से सचेत था कि वह क्या कर रहा है और आसानी से अवहेलना नहीं करेगा और उसने जो किया वह उसकी अपनी इच्छा का एक कार्य था, खासकर जब वह पूरी तरह से स्वतंत्र और जिम्मेदार व्यक्तियों को उसका गवाह बनने के लिए कहता था।

अदालत ने माना कि होलोग्राफिक वसीयत के मामले में अधिक से अधिक अनुमान लगाया जाता है। उक्त खोज को वसीयत लिखने और वसीयतकर्ता के हस्ताक्षर के रूप में प्राप्त किया गया था; प्रासंगिक वैधानिक प्रावधानों के अनुसार नियत और अनुमानित सत्यापन भी था। अदालत ने माना कि कोई भी संदिग्ध परिस्थिति साधन के चेहरे पर नहीं है और यह मध्यम और तर्कसंगत है । [AIR 2009 SC 1389]

होलोग्राफिक वसीयत के उच्च संभावित मूल्य के परीक्षण को लागू करने के लिए, इसे पहले निवेदन करना चाहिए और साबित करना चाहिए कि यह वसीयतकर्ता की लिखावट में था। एक लिखावट विशेषज्ञ ने अपनी राय के माध्यम से इसका समर्थन किया कि वसीयत में दिखाई देने वाली लिखावट वसीयतकर्ता के साथ-साथ अन्य दस्तावेजों के साथ-साथ स्वयं द्वारा निर्मित वसीयतकर्ता द्वारा समान थी। एक होलोग्राफिक इच्छाशक्ति के मामले में, वास्तविकता का अनुमान सभी और भी अधिक सटीक है, जो वसीयत के उचित निष्पादन और सत्यापन के वास्तविक प्रमाण पर आधारित है [(1996) 8 SCC 124]

होलोग्राफिक वसीयत एक वसीयत है जिसे वसीयतकर्ता द्वारा हस्तलिखित किया जाता है। नागरिक कानून की परंपरा में होलोग्राफिक निहित हैं। एक होलोग्राफिक

वसीयत एक वसीयत है जो उस व्यक्ति की लिखावट में है जिसने इसे निष्पादित किया है और उसके द्वारा हस्ताक्षरित है। यह आवश्यक है कि पूरा वसीयतनामा वसीयतकर्ता के लेखन में हो। एक होलोग्राफिक वसीयतनामा एक पूर्व वसीयतनामा को रद्द कर सकता है जिसे पहले एक साधारण वसीयतनामे के समान निष्पादित किया गया था।

होलोग्राफिक वसीयतनामा पूरी तरह से हस्ताक्षर सहित अपनी स्वयं की हस्तलिपि में होना चाहिए, जिसे वसीयत की जांच के दौरान उनके साथ परिचित गवाहों द्वारा साबित करने की आवश्यकता है। एक होलोग्राफिक वसीयतनामा शुद्ध रूप से कह रहा है कि इसे उपयुक्त राज्य कानूनों के अनुसार बनाया जाना चाहिए और यह निर्धारित शर्तों और सीमाओं के अधीन है। मुख्य आवश्यकता यह है कि यह पूरी तरह से वसीयतकर्ता की लिखावट में होना चाहिए।

5.6 वसीयत के आसपास संदिग्ध परिस्थितियाँ

संदिग्ध परिस्थितियों के रूप में क्या हो सकता है या नहीं हो सकता है के कुछ उदाहरण इस प्रकार हैं:

1. यहां तक कि पंजीकरण में देरी को वसीयत की वास्तविकता को खारिज करने के लिए पर्याप्त नहीं ठहराया गया था [AIR 2000 Ori 10]।

2. कानून अपनी इच्छा के अनुसार अपनी अर्जित संपत्ति का निपटान करने वाले व्यक्ति के तरीके में खड़ा नहीं होता है। यह वसीयत का सबसे महत्वपूर्ण उद्देश्य है, लेकिन साथ ही जब कोई व्यक्ति जो एक प्राकृतिक उत्तराधिकारी है, का विघटन किया जाता है, तो वह यह जानने का हकदार है कि उसका विघटन क्यों किया गया है [AIR 1990 SC 1742]।

3. प्रमिला सुंदरी बनाम बिजॉय घोषाल [(2000) 11 CHN 754] में एक मामले में कलकत्ता उच्च न्यायालय की खंडपीठ ने परीक्षणकर्ता और गवाहों के हस्ताक्षरों से संबंधित कई कारकों की व्याख्या से संदिग्ध परिस्थितियों का अनुमान लगाया :

4. एक अंगूठे के निशान की पुष्टि करने वाला एक साक्षर वसीयतकर्ता स्वयं एक संदिग्ध परिस्थिति है [AIR 1998 MP 46]।

5. वसीयतकर्ता को लाभार्थी का सैद्धांतिक विवाद निश्चित रूप से अदालत के संदेह को उत्तेजित करेगा [AIR 1995 SC 101]।
6. एक रिश्तेदार के अस्तित्व या गैर-अस्तित्व के संबंध में वसीयत में गलत बयान भी एक संदिग्ध परिस्थिति होगी [(1992) 2 JT 125]।
7. एक तारीख का गैर उल्लेख, वसीयत के ऑपरेटिव भाग के नीचे वसीयतकर्ता के हस्ताक्षर की कमी, दोनों गवाहों की गैर-परीक्षा को संदिग्ध माना जाता था [(1991) DLT 6]।

संक्षेप में, एक परिस्थिति संदिग्ध होगी जब यह सामान्य नहीं है या यह सामान्य स्थिति में सामान्य रूप से अपेक्षित नहीं है या सामान्य व्यक्ति से इसकी उम्मीद नहीं है [AIR 1982 SC 133]

5.7 अन्य संदिग्ध परिस्थितियाँ

बच्चों ने विभिन्न राशियों से सम्मानित किया और विधवा बेटी को कोई पैसा नहीं देना अप्राकृतिक बात नहीं है [AIR 2002 SC 317]

बैरी एस बटलिन का नियम: जो यह बताता है कि ओनस प्रोबांडी हमेशा उस व्यक्ति पर होता है जो वसीयत का

प्रस्ताव रखता है और लाभ लेने वाला व्यक्ति अदालत के संदेह को उत्तेजित करता है। इस संदेह को साक्ष्य द्वारा दूर किया जाना चाहिए जो साधन का समर्थन करता है।

यदि वसीयत के तहत लाभार्थियों ने निष्पादन में सक्रिय भाग लिया था, तो यह अपने आप में वसीयत की वसीयतनामा क्षमता या वास्तविकता के बारे में कोई संदेह पैदा करने के लिए पर्याप्त नहीं है। [AIR 1987 SC 767]

वसीयत का उत्पादन कई वर्षों तक सार्वजनिक अधिकारियों के न्यायालय के समक्ष नहीं किया गया है, भले ही संपत्ति के लिए अभियोगी शीर्षक के लिए इसका उत्पादन करने के अवसर थे। वसीयत को वास्तविक नहीं माना गया [AIR 1990 SC 396]

यदि अस्पष्ट परिस्थितियाँ हैं, तो वसीयत में संदिग्ध बयान और असत्य बयान संदिग्ध परिस्थितियों का निर्माण करेंगे, अन्यथा नहीं [AIR1976 Cal 377]

वसीयत के खिलाफ संदेह के मामले में, अदालत अपनी संपत्ति का निपटान करने में वसीयतकर्ता के इरादे को देखेगा जो सर्वोपरि है। विचार करने वाला पहला सवाल यह है कि क्या वसीयत में गड़बड़ी स्वाभाविक, उचित, उचित और प्रोबेट है। यह सिद्धांत को प्रभावित करने या

संदिग्ध परिस्थितियों को कम करने में सबसे महत्वपूर्ण है।

संदिग्ध परिस्थितियां वसीयतकर्ता के हस्ताक्षरों की वास्तविकता के अनुसार हो सकती हैं, वसीयतकर्ता के दिमाग की स्थिति, वसीयत में किया गया बयान अस्वाभाविक, प्रासंगिक परिस्थितियों के प्रकाश में अनुचित अनुचित, या वसीयत में अन्य संकेतक हो सकते हैं: यह दिखाने के लिए कि वसीयतकर्ता का दिमाग मुक्त नहीं था।

यदि परिचालक स्वयं वसीयत के निष्पादन में एक प्रमुख हिस्सा लेता है जो उस पर पर्याप्त लाभ देता है तो उस स्थिति को भी ध्यान में रखा जाना चाहिए।

कोई भी और हर परिस्थिति एक संदिग्ध परिस्थिति नहीं होती है और यह 'संदिग्ध' होगा जब यह सामान्य नहीं है या सामान्य स्थिति में सामान्य रूप से अपेक्षित नहीं है या सामान्य व्यक्ति से अपेक्षित नहीं है। मान्य होने के लिए, वसीयतकर्ता को वसीयतकर्ता द्वारा हस्ताक्षरित होना चाहिए। हस्ताक्षर वसीयतकर्ता द्वारा निष्पादन के उद्देश्य के रूप में किया जाना चाहिए और यह प्रकट होना चाहिए कि उसने हस्ताक्षर द्वारा अपनी इच्छा को प्रभावी करने का इरादा किया है।

जहाँ विभिन्न विसंगतियाँ वसीयत को अंजाम देने के इर्द-गिर्द कई संदिग्ध परिस्थितियाँ स्थापित करती हैं जो एक उचित निष्कर्ष को सही ठहराती हैं कि वसीयत एक या दो सदस्यों की मिलीभगत से दूसरों के दावों को हराने के लिए मिली थी, और यह कि प्रस्तावक अंतरात्मा की आवाज को संतुष्ट करने में विफल रहा। वसीयत के निष्पादन और सत्यापन के संबंध में अदालत। जैसे अन्य दस्तावेजों के प्रमाण के मामले में भी वसीयत के मामले में, गणितीय निश्चितता के साथ प्रमाण की अपेक्षा करना बेकार होगा। [AIR 1973 Cal 460]। लागू किया जाने वाला परीक्षण ऐसे मामलों में विवेकपूर्ण व्यक्ति की संतुष्टि का सामान्य परीक्षण होगा। [AIR 1972 Patna 146]

एक वसीयत के प्रकाशन में देरी, जब पहले से ही यह ज्ञात करने का अवसर था, एक संदिग्ध परिस्थिति होगी [AIR 1990 SC 396, AIR 1992 SC 1414]

यह बताने में असफल होना कि जो व्यक्ति कानूनी रूप से विरासत के हकदार हैं, उन्हें वसीयत में निर्वहण क्यों किया जाता है, एक संदिग्ध परिस्थिति है [AIR 1990 SC 396]

कभी-कभी कई कारकों का एक संयोजन जैसे, पहले की वसीयत को रद्द करना, प्रत्येक पृष्ठ पर कोई 'कीरल 'नहीं, सक्रिय भाग लेने वाले प्रस्तावक, बेटी के विघटन

और बेटे को अनुचित वरीयता दिखाना, टेस्टेट्रिक्स के स्वास्थ्य की खराब स्थिति, पंजीकरण में पेटेंट दोषों का पंजीकरण करना वसीयतनामा, परीक्षण के बाद के दिन की मृत्यु, तो दस्तावेज़ के संदिग्ध चरित्र पर बता सकती है [1998 2 MLJ 307]

एक अन्य मामले में अकथनीय अंतराल, पहले की वसीयत का उल्लेख न करना, प्रस्तावना जो कि दाह संस्कार के खर्च के लिए जिम्मेदार होगी और गवाहों की उपस्थिति के रूप में अजनबियों की उपस्थिति के लिए वसीयत को गलत साबित करने के कारक हो सकते हैं [AIR 1999 MP 240]

परीक्षार्थी को लाभार्थी का अनौपचारिक विवाद निश्चित रूप से अदालत के संदेह को उत्तेजित करेगा [AIR 1995 SC 1010]। किसी रिश्तेदार के अस्तित्व या गैर-अस्तित्व के संबंध में वसीयत में गलत बयान देना भी एक संदिग्ध परिस्थिति होगी [1992 2 SCC 507]

तथ्य यह है कि पहले वसीयतकर्ता द्वारा निष्पादित वसीयत को अंतिम रूप से सेट नहीं किया गया था, अपने आप को एक संदिग्ध परिस्थिति नहीं माना जाएगा [AIR 1995 SC 2086]

वसीयत को सही साबित करने के लिए, प्रस्तावक को पाँच बातें साबित करनी होंगी:

i. वसीयतकर्ता की वसीयत करने की क्षमता

ii. साधन की वसीयतनामा प्रकृति, यह है कि दस्तावेज़ वर्तमान में किसी भी संपत्ति का निपटान नहीं करता है, लेकिन केवल निष्पादक की मृत्यु पर

iii. उपकरण की सामग्री के बारे में वसीयतकर्ता का ज्ञान और उसकी स्वीकृति

iv. अनुचित प्रभाव, धोखाधड़ी आदि का अभाव

v. कानून द्वारा आवश्यक के रूप में गवाह द्वारा वसीयतकर्ता और उसके सत्यापन के कारण निष्पादन

संदिग्ध परिस्थितियों की सूची:

i. वसीयतकर्ता का हस्ताक्षर बहुत ही अस्थिर और संदिग्ध हो सकता है

ii. वसीयतकर्ता के दिमाग की स्थिति बहुत ही कमजोर और दुर्बल प्रतीत हो सकती है

iii. वसीयतकर्ता की मानसिक क्षमता

iv. वसीयत में किए गए डिस्पोज़ अप्राकृतिक, अनुचित या अनुचित प्रतीत हो सकते हैं

v. अन्यथा यह संकेत दे सकता है कि उक्त प्रस्ताव, वसीयतकर्ता की मन की इच्छा का परिणाम नहीं हो सकता है

vi. कैविएट वसीयत के निष्पादन के संबंध में अनुचित प्रभाव, धोखाधड़ी या जबरदस्ती का अभ्यास दिखाते हैं

vii. प्रस्तावक स्वयं वसीयत के निष्पादन में एक प्रमुख हिस्सा लेता है जो उन पर पर्याप्त लाभ देता है।

अध्याय 6
वसीयत की प्रोबेट

6.1 प्रोबेट का परिचय

प्रोबेट एक वसीयतकर्ता को वसीयत को निष्पादित करने के लिए एक निष्पादक को अधिकार देने के लिए अदालत में याचिका है।

वसीयत का विवरण, जब प्रदान किया जाता है, वसीयतकर्ता की मृत्यु से वसीयत को स्थापित करता है और निष्पादक के सभी मध्यवर्ती कृत्यों को इस तरह मान्य करता है।

जैसा कि निष्पादक अपनी इच्छा के तहत अपने शीर्षक को प्राप्त करता है और परिक्षणकर्ता की मृत्यु पर तुरंत उस पर वसीयतकर्ता की सभी संपत्तियां, प्रोबेट के अनुदान पर, संपत्ति के संबंध में उसके सभी मध्यवर्ती कृत्यों को मान्य किया जाता है [AIR 1956-16 274] । यह खंड यह सुनिश्चित करता है कि वेटिंग प्रोबेट लेने के

समय होती है, लेकिन वसीयतकर्ता की मृत्यु के समय और उस संपत्ति से संबंधित होती है, जो उसके बाद उसकी थी। आईएसए 1925 की धारा 221 के तहत, एक प्रशासक के मामले में, केवल वही कार्य करते हैं जो संपत्ति के लिए फायदेमंद होते हैं और अनुदान द्वारा मान्यता प्राप्त मान्य होते हैं।

वसीयत की एक प्रति के साथ प्रशासन के प्रोबेट और पत्र, वसीयतकर्ता की वसीयत क्षमता के निर्णायक सबूत हैं, जैसा कि इसके उचित निष्पादन और वसीयत की वैधता और वैधता के तथ्य [AIR 1959 Cal 795] और प्रोबेट कोर्ट की खोज के रूप में वसीयत का उचित निष्पादन निर्णायक है [AIR 1992 Madras 136]।

वसीयत और निष्पादकों की नियुक्ति के रूप में प्रोबेट निर्णायक है।

एक बार प्रोबेट दिए जाने के बाद, कोई भी सूट इस घोषणा के लिए झूठ नहीं बोलेगा कि वसीयतकर्ता ध्वनि दिमाग का नहीं था।

प्रोबेट निर्णायक के रूप में मृतक के देनदारों के खिलाफ निष्पादक के प्रतिनिधि शीर्षक के रूप में निर्णायक है और आईएसए 1925 की धारा 273 के अनुसार उन्हें पूरी क्षतिपूर्ति देता है।

जिस क्षण प्रोबेट प्रदान किया जाता है, वह वसीयतकर्ता की मृत्यु की तारीख से संबंधित होगा और सभी संपत्ति को उस व्यक्ति में निहित किया जाएगा जिसके पक्ष में प्रोबेट प्रदान किया गया था। प्रोबेट केवल वसीयत की वैधता का फैसला करता है और संपत्ति पर शीर्षक का कोई असर नहीं पड़ता है, चाहे वसीयतकर्ता के पास संपत्ति हो और क्या संपत्ति वसीयत के तहत दावा करने वाले व्यक्ति को वैध रूप से हस्तांतरित की गई हो [2003 7 SC 301]।

6.2 प्रोबेट कोर्ट के कार्य

[भारतीय उत्तराधिकार अधिनियम 1925 की धारा 227]

प्रोबेट कोर्ट के कार्य हैं:

(i) यह देखने के लिए कि वसीयत को वसीयतकर्ता ने वास्तव में जबरदस्ती या अनुचित प्रभाव के बिना मन की ध्वनि निस्तारण स्थिति में निष्पादित किया है

(ii) यह विधिवत रूप से सत्यापित किया गया है

(iii) यह निर्धारित करने के लिए कि दस्तावेज़ वसीयतनामा का चरित्र है और क्या प्रोबेट के लिए

आवेदन करने वाले व्यक्ति को मृतक के कानूनी प्रतिनिधि का गठन करने का अधिकार है

(iv) इसका प्राथमिक कार्य वसीयत के निस्तारण और उचित निष्पादन से निपटना है

(v) यदि अदालत इस निष्कर्ष पर पहुंचती है कि दस्तावेज़ का एक हिस्सा केवल और उसके पूरे हिस्से में नहीं है, तो यह वसीयतकर्ता के कृत्य का परिणाम है या प्रभाव में निष्पादित किया गया है, प्रोबेट अदालत उन हिस्सों के अनुदान से बाहर रखती है।

(vi) हालांकि, प्रोबेट कोर्ट एक कारण पर प्रोबेट से वसीयत दस्तावेज के किसी भी हिस्से को बाहर करने का हकदार नहीं है, जिसे निर्माण के बिंदु पर प्रोबेट कोर्ट के निर्णय की आवश्यकता होती है या उस बिंदु पर जो वसीयत में निहित वसीयत की वैधता को छूता है। [(1940) 2 Cal 458]।

(vii) यह निर्धारित करने के लिए प्रोबेट अदालत के लिए सक्षम नहीं है कि क्या वसीयतकर्ता के पास संपत्ति का निपटान करने की शक्ति नहीं है या नहीं, जिसे वह अपनी इच्छा से निपटान करना चाहता है। [AIR 2000 Kerala 241]

(viii) जहां दो प्रतिद्वंद्वी वसीयत के बीच एक प्रतियोगिता होती है, अदालत के सामने सवाल यह है: उनमें

से कौन वसीयतकर्ता की अंतिम इच्छा है। केवल उक्त मुद्दे की खोज पर, प्रोबेट प्रदान करने का प्रश्न निष्पादक के सभी मध्यवर्ती कृत्यों को मान्य करता है [AIR 1992 MP 224]

(ix) यह प्रश्न कि क्या प्रोबेट अदालत अन्य मामलों में जा सकती है, जबकि प्रोबेट देने का प्रश्न रामचंद्र बनाम सरजा बजरो [AIR 1985 Bom 113] में आया था। इस मामले में, यह तय किया गया था कि जब प्रोबेट दिया जाता है तो वह टेस्टाट्रिक्स की मृत्यु से वसीयत को स्थापित करता है।

(x) न्यायालय केवल यह जानने के लिए वसीयत की जांच करेगा कि क्या वसीयत पेश करने वाला व्यक्ति स्पष्ट रूप से या निहितार्थ से वसीयतकर्ता को नियुक्त करने के लिए उपयुक्त है या नहीं और दस्तावेज वसीयत है [(1893) ILR 20 Cal 885]।

(xi) सभी उच्च न्यायालयों ने लगातार माना है कि शीर्षक के प्रश्न को निर्धारित करने के लिए प्रोबेट अदालत का कार्य नहीं है। सबसे पहला मामला बिहारी लाल वी जग्गो [(1879) ILR Cal 1] का है।

(xii) चांद मल बनाम लाची नारायण [(1900) ILR 22 Allahabad 662] में यह आयोजित किया गया था कि पूरे दस्तावेज और न केवल इसका एक हिस्सा

प्रोबेट में भर्ती होना चाहिए और वही दृश्य कलकत्ता उच्च न्यायालय द्वारा लिया गया है। [(1949) 2 Cal 418].

(xiii) प्रोबेट कोर्ट निर्माण की अदालत नहीं है। बाई पारेख बनाम रघुनाथ में [42 Bom LR 1063] अदालत ने कहा कि यह निर्धारित करने के लिए वसीयतनामा न्यायाधीश का प्रांत नहीं है कि क्या वसीयत द्वारा कवर की गई संपत्ति या जिसके लिए प्रशासन से पत्र मांगा गया था, मृतक की संपत्ति थी या नहीं या क्या यह मृतक और किसी और की संयुक्त संपत्ति थी।

(xiv) प्रोबेट अदालत को यह तय नहीं करना चाहिए कि संपत्ति में लाभकारी व्यक्ति कौन हैं। यह सवाल कि क्या वसीयत अच्छी या बुरी है, वह भी प्रोबेट कोर्ट के दायरे में नहीं है

(xv) प्रोबेट अदालत स्वयं संपत्ति की वसीयत या अस्तित्व के किसी भी सवाल का फैसला नहीं करती है। [AIR 1954 SC 280, AIR 1970 Assam 111]

6.3 प्रोबेट कोर्ट का क्षेत्राधिकार

(i) प्रोबेट कोर्ट के पास वसीयत के प्रावधान की वैधता के सवाल पर जाने का कोई अधिकार क्षेत्र नहीं है [AIR 1936 Leh 378]।

(ii) यदि प्रोबेट के लिए प्रस्तावित दस्तावेज वसीयत नहीं है, यानी यह वसीयतनामा चरित्र का दस्तावेज नहीं है, तो प्रोबेट कोर्ट के पास ऐसे दस्तावेज के प्रोबेट को मंजूरी देने का कोई अधिकार क्षेत्र नहीं है।

(iii) **प्रोबेट का दायरा**: भारत के सर्वोच्च न्यायालय में - AIR 1954 SC 280/252/1953 ईश्वर नारायण सिंह बनाम कमला देवी, एफ / बी / तीन ने इस प्रकार गुंजाइश का न्याय किया: कोर्ट ऑफ प्रोबेट का निर्णय लेने का कोई अधिकार क्षेत्र नहीं है यदि विशेष रूप से वसीयत करना अच्छा या बुरा है। प्रोबेट की अदालत केवल इस सवाल से संबंधित है कि क्या दस्तावेज मृतक व्यक्ति की अंतिम इच्छा और वसीयतनामा के रूप में आगे रखा गया था, जिसे विधिवत निष्पादित किया गया था और कानून के अनुसार सत्यापित किया गया था और क्या प्रत्येक निष्पादन के समय, वसीयतकर्ता के पास एक था स्वस्थ मन।

(iv) **प्रोबेट देने के लिए जिला जज का अधिकार क्षेत्र**: उगर चंद बनाम सूरजमल [2 Bom LR 605] का मामला इस बात से संबंधित है कि क्या मृतक का जिला न्यायाधीश के अधिकार क्षेत्र में नियत स्थान था। अनुभाग में प्रयुक्त 'अभिव्यक्ति का एक निश्चित स्थान होता है' निवास के बराबर है और शब्द 'निवास' उस स्थान को दर्शाता है जहां एक व्यक्ति खाता है, पीता है और सोता है, या जहां उसका परिवार या नौकर खाते हैं, पीते हैं और सोते हैं [AIR 1923 Nag 145]।

(v) प्रोबेट या प्रशासन के पत्रों का क्षेत्राधिकार एक विशेष अधिकार क्षेत्र है - जिसे वसीयत में निपटाए गए संपत्ति के शीर्षक को स्थगित करने के लिए नहीं कहा जाता है। इसके अलावा, यह वैधता, वास्तविकता और वसीयत के संबंध में ऐसे अन्य मामले हैं जो साबित होने के लिए मांगे गए हैं।

6.4 केवल नियुक्त निष्पादक को ही प्रोबेट करें, और किस प्रोबेट प्रोबेट को अनुमति नहीं दी जा सकती है:

(i) प्रोबेट केवल वसीयतनामा द्वारा नियुक्त एक निष्पादक को स्पष्ट रूप से या कानून के अनुसार

दिया जा सकता है [AIR 1977 Del 34] [Section 222 of ISA 1925]

(ii) जब एक से अधिक निष्पादक होते हैं, तो प्रोबेट को उन सभी को दिया जाना चाहिए जो लागू होते हैं, आईएसए 1925 की धारा 224 के अनुसार।

(iii) अदालत के पास इस आधार पर प्रोबेट को अस्वीकार करने का विवेक नहीं है कि उसकी राय में आवेदक को निष्पादक के रूप में नियुक्त करने के लिए उपयुक्त नहीं है

(iv) वसीयत जो केवल एक वसीयतकर्ता अभिभावक को नियुक्त करती है, उसे प्रोबेट में भर्ती नहीं होना चाहिए [1958, Allahabad 832]

(v) यदि कोई वसीयत किसी विदेशी देश तक सीमित है, तो वह इस देश में प्रोबेट का हकदार नहीं है।

(vi) एक लेखन जो एक वसीयतनामा चरित्र का नहीं है, प्रोबेट का हकदार नहीं है

(vii) यदि एक उपकरण का एक हिस्सा वर्तमान में विलेख के रूप में काम करता है और दूसरा भविष्य में एक वसीयतनामा के रूप में संचालित होता है, तो बाद के हिस्से के लिए प्रोबेट दिया जा सकता है [(1900) ILR 22 Allahabad 162]

(viii) वसीयतकर्ता द्वारा अपनी मर्जी से किए गए सीमांत नोट और फेरबदल, जिन्हें अटेस्ट नहीं किया जाता है, उन्हें प्रोबेट में प्रवेश नहीं दिया जा सकता है। [15 Bom LR 352]

(ix) वसीयत के हिस्से के लिए प्रोबेट प्रदान किया जा सकता है और अन्य भागों को छोड़ दिया जाता है यदि इन अन्य हिस्सों को साबित नहीं किया जाता है कि वे वसीयतकर्ता के निर्देश के तहत तैयार किए गए हैं। [(1910) 12 Bom LR 569]

(x) एक प्रोबेट उस व्यक्ति को नहीं दिया जा सकता है जो नाबालिग है, या बिना दिमाग के है।

6.5 वसीयत के एक हिस्से का प्रोबेट [ISA 4th संस्करण 1978, Sanjiba Row]

अधिनियम में ऐसा कोई प्रावधान नहीं है जो अदालत को संपत्ति के एक हिस्से के लिए प्रोबेट को प्रतिबंधित करने के लिए अधिकृत करता है जबकि पूरी संपत्ति को निष्पादक में निहित किया जाता है। लेकिन प्रोबेट के लिए एक भाग को दाखिल किया जा सकता है और दूसरे भाग के संबंध में प्रोबेट से इनकार किया जा सकता है, उदाहरण के लिए, जहां अदालत संतुष्ट है कि धोखाधड़ी

या वसीयतकर्ता के ज्ञान के बिना एक खंड की वसीयत में एक प्रविष्टि हो गई है या उसकी मृत्यु के बाद जालसाजी करके। ऐसे किसी भी मामले में, केवल प्रोबेट को वसीयत के उस हिस्से के संबंध में अनुमति दी जाती है जो ऐसी किसी भी परिस्थिति से मान्य नहीं है [AIR 1925 PC45].

यह स्पष्ट है कि न्यायालय पूरी तरह से बिना किसी संपत्ति के केवल भाग के लिए सीमित इच्छा के साथ प्राधिकरण के पत्रों का अनुदान देने के लिए अधिकार क्षेत्र के बिना नहीं है। आईएसए 1925 की धारा 257 के लिए 255 से पर्याप्त रूप से मान्यता है कि एक संपत्ति के हिस्से के लिए अनुदान को सीमित करने के लिए उचित मामले के लिए न्यायालय में अधिकार क्षेत्र है [AIR 1955 Mad 411, AIR 1975 Mad 342].

6.6 निष्पादक का चयन

उस व्यक्ति का चयन करना जो किसी की इच्छा के अनुसार एक की संपत्ति के वितरण की देखरेख करेगा, उतना ही महत्वपूर्ण है जितना कि ट्रस्टी चुनना। निष्पादक की वफादारी और क्षमता उसकी मृत्यु के बाद किसी व्यक्ति की संपत्ति के प्रभावी और निष्पक्ष प्रशासन को सुनिश्चित करने के लिए सबसे महत्वपूर्ण कारक हो

सकती है: विशेष रूप से नुकसान को रोकने और संपत्ति की रक्षा करना जो उसकी इच्छा के तहत बचा है।

एक उपयुक्त अदालत की निगरानी के अधीन, निष्पादक वसीयत में निर्दिष्ट संपत्ति पर कब्जा कर लेता है, मृतक की तरह संपत्ति का प्रबंधन करता है, ऋण, करों और खर्चों का भुगतान करता है, आवश्यक के रूप में कानूनी सलाह रखता है, और वकील के माध्यम से सभी कानूनी संभालता है दायित्वों और प्रक्रियाओं वसीयत के "निष्पादन" के लिए।

निष्पादक अदालत में अपने वजीफे के लिए उत्तराधिकारी होता है और वसीयत के प्रावधान के अनुसार संपत्ति की संपत्ति को वितरित करता है और कानूनी सख्ती लागू करता है। व्यापार कौशल और निर्णय, परिश्रम और विवरणों में भाग लेने और उचित रिकॉर्ड बनाए रखने की क्षमता अच्छे निष्पादकों के आवश्यक गुण हैं।

निष्पादक की फीस एस्टेट के आकार पर आधारित होती है, लेकिन आम तौर पर यह 1 या 1.5 प्रतिशत से 2.5 प्रतिशत तक होती है।

अध्याय 7
प्रोबेट के लिए याचिका

7.1 लिमिटेशन एक्ट

लिमिटेशन एक्ट के तहत एक वसीयतनामा के तहत एक अधिकार के प्रवर्तन से संबंधित नहीं है और लिमिटेशन एक्ट के अनुच्छेद 137 का प्रोबेट कार्यवाही या प्रोबेट के लिए आवेदन में कोई उपयोग नहीं है। [AIR 1991 MP 11 / AIR 1987 PSH 126]. सुप्रीम कोर्ट ने एक सामान्य अवलोकन किया कि लिमिटेशन एक्ट के अनुच्छेद 137 को किसी भी अधिनियम के तहत किसी भी याचिका पर लागू किया जा सकता है। यह माना गया था कि प्रोबेट के लिए आवेदन एक वसीयतनामा या एक वसीयतनामा ट्रस्टी के रूप में मान्यता के लिए एक कर्तव्य प्रदर्शन करने की अनुमति के लिए एक आवेदन की प्रकृति में है। एमपी उच्च न्यायालय ने भी शोभा बनाम जानकी [AIR 1987 MP 145] में उद्धृत किए जाने पर इसी तरह का विचार रखा है, जहां सभी मामले कानूनों पर चर्चा की गई है [AIR 1984 Kerala 73]।

लिमिटेशन एक्ट 1908 के तहत मामला

लिमिटेशन एक्ट के तहत, ऐसी कोई अवधि निर्धारित नहीं है जिसके तहत मृतक की मृत्यु के बाद प्रोबेट या प्रशासन के पत्रों के लिए एक याचिकाकर्ता बनाया जाना चाहिए। इसलिए, यह मृतक की मृत्यु के बाद किसी भी समय प्रस्तुत किया जा सकता है, मृत्यु के कई साल बाद भी। लेकिन स्वाभाविक रूप से प्रोबेट के लिए आवेदन करने में देरी कुछ संदेह को जन्म देती है। यदि आवेदन मृत्यु के तीन साल से अधिक समय बाद किया जाता है, तो याचिकाकर्ता को अपनी याचिका में देरी का कारण बताना होगा [AIR 1945 PC 105]। इस तरह के आवेदन करने में लंबे समय तक देरी एक ऐसी परिस्थिति है जिसे वसीयत की वास्तविकता को निर्धारित करने में ध्यान में रखा जा सकता है, लेकिन यह प्रोबेट को अस्वीकार करने का आधार नहीं है। [(2008) 8 SCC 463, AIR 2009 SC 3247]

7.2 प्रोबेट के लिए याचिका के घटक [भारतीय उत्तराधिकार अधिनियम की धारा 276]

प्रोबेट के लिए या प्रशासन के पत्रों के लिए आवेदन में वसीयतनामा है, और बताते हैं:

i. परीक्षक की मृत्यु का समय

ii. यह लिखा गया लेखन उसकी अंतिम इच्छा और वसीयतनामा है

iii. यह विधिवत निष्पादित किया गया था

iv. संपत्ति की राशि जो याचिकाकर्ता के हाथों में आने की संभावना है

v. जब आवेदन प्रोबेट के लिए है, कि याचिकाकर्ता वसीयत में नामित निष्पादक है

vi. जब आवेदन जिला न्यायाधीश को होता है, कि मृत्यु के समय मृतक का निवास स्थान निर्धारित था; तथा

vii. कि मृत्यु के समय मृतक का निवास न्यायालय के अधिकार क्षेत्र में एक निश्चित स्थान था

याचिका उस अदालत के समक्ष कार्यवाही में अंग्रेजी में या भाषा में साधारण उपयोग में लिखी जानी चाहिए जिसमें आवेदन किया गया है।

अधिनियम केवल प्रक्रिया का एक नियम देता है और एक ठोस कानून नहीं है और इसलिए एक मौखिक वसीयत को अमान्य नहीं करेगा। वसीयत को साबित किया जाना चाहिए, और अदालत को संतुष्ट होना चाहिए

कि वसीयत को विधिवत निष्पादित और सत्यापित किया गया है। यह अधिनियमित किया गया है कि प्रोबेट के लिए याचिका के साथ, मूल को विलोपित किया जाना चाहिए सिवाय वसीयत खो जाने या गलत या नष्ट होने या जब बाहरी लोगों के कब्जे में है। यदि न्यायालय शुल्क और कानूनी प्रावधानों के बारे में आवश्यक तथ्यों का उल्लेख नहीं किया गया है, तो आवेदन को पंजीकृत नहीं किया जाना चाहिए।

जब भी संभव हो, परीक्षक की मृत्यु की सही तारीख दी जानी चाहिए। किसी व्यक्ति के लापता होने के मामले में, उसके शरीर का पता लगाने के बाद, यह कहा जाना चाहिए कि उसे आखिरी बार ऐसी और इस तरह की तारीख पर देखा गया था।

प्रोबेट याचिका में उल्लेख किया जाना चाहिए कि यह अंतिम वसीयतनामा है और इसे किसी विशेष तारीख को विधिवत निष्पादित किया गया था।

यदि कोई तिथि होगी, तो नियत निष्पादन का एक शपथ पत्र जिसमें विशेष रूप से उस तारीख को संदर्भित किया गया था जिस पर उसे दायर किया जाना चाहिए। (आईएसए 1925 की धारा 281 को एक गवाह द्वारा प्रोबेट करने के लिए याचिका का सत्यापन)। जहां तक संभव हो ऐसे हलफनामे गवाहों में से किसी एक को

उपलब्ध कराए जाने चाहिए। ऐसा हो सकता है कि समय की कमी या अन्य कारणों से जो एक गवाह निश्चितता के साथ तारीख की बात नहीं कर सकता। ऐसे मामलों में, उसे एक निश्चित और सीमित अवधि के भीतर निष्पादन की तारीख निर्धारित करने का प्रयास करना चाहिए।

प्रोबेट याचिका को परिसंपत्तियों की राशि और मूल्य का उल्लेख करना चाहिए जो कि याचिकाकर्ता के हाथों में आने की संभावना है और प्रोबेट ड्यूटी के उद्देश्य के लिए मूल्य। केवल भारत में स्थित संपत्तियों का उल्लेख किया जाना चाहिए। अनुसूची 1 में उल्लिखित संपत्ति की राशि और मूल्य, न्यायालय शुल्क अधिनियम के अनुच्छेद 11 में संपत्ति के शुद्ध मूल्य का उल्लेख है। यदि संपत्ति गिरवी है, तो मूल्य मोचन की इक्विटी का मूल्य है।

प्रोबेट याचिका में उन सभी संपत्तियों का उल्लेख करना अनिवार्य है जो उनके प्रशासन के अंतर्गत आने की संभावना है, वह अपनी इच्छा के अनुसार कुछ संपत्ति नहीं चुन सकते हैं [ILR 22 मद्रास 345]। इस आवश्यकता की वस्तु दो गुना है:

i. कर्तव्य का मूल्यांकन और

ii. प्रशासक [AIR 1994 Karnataka 85] के रूप में निष्पादनकर्ता द्वारा प्रस्तुत की जाने वाली सूची

और खातों की सटीकता की जांच के लिए आधार।

याचिकाकर्ता वसीयत में नामित निष्पादक है जिसे यह साबित करना होगा कि वह वसीयत की तारीख में और वसीयतकर्ता की मृत्यु के समय फर्म का सदस्य था। [AIR 1925 Cal 606]

मृतक के पास जिला न्यायाधीश के अधिकार क्षेत्र में निवास या कुछ संपत्ति चल या अचल थी।

प्रोबेट के लिए एक याचिका में [आईएसए 1925 की धारा 278 के तहत] धारा के तहत, परीक्षक के अगले परिजनों के नामों का उल्लेख करना आवश्यक नहीं है लेकिन आम तौर पर उन्हें याचिका में कहा जाना आवश्यक है [AIR 1962 PSH 62]।

जब प्रोबेट के लिए पूरे भारत में आवेदन करने के लिए आवेदन किया जाता है, तो प्रोबेट याचिका में उल्लेख करना चाहिए कि क्या प्रोबेट या प्रशासन के पत्रों के लिए कोई भी आवेदन किसी अन्य अदालत में किया गया था और यदि ऐसा है, तो परिणाम क्या था।

याचिका को याचिकाकर्ता द्वारा सत्यापित किया जाना चाहिए और जब तक संभव हो कम से कम एक साक्षी गवाह को प्रस्तुत करना चाहिए। [आईएसए 1925 की

धारा 281]। प्रोबेट के लिए याचिका निष्पादनकर्ता की शपथ के साथ होनी चाहिए। जब दो या दो से अधिक व्यक्ति आवेदन करते हैं, तो भिन्नों में प्रशासन के प्रोबेट या पत्र देने की अनुमति नहीं है [(1929) 31 Bom LR 1093] ।

राज्य सम्पूर्ण संपत्ति के संबंध में प्रोबेट या प्रशासन के पत्रों को अनुदान के रूप में इंगित परिस्थितियों में किए जाने वाले एक सामान्य नियम के रूप में मानता है। यदि संपत्ति का एक हिस्सा पहले से ही इस तरह से प्रशासित किया जाता है कि वह हिस्सा कुछ उत्तराधिकारियों या विरासत के कब्जे में चला गया है और साथ ही शीर्षक में, बाकी संपत्ति वास्तव में मृतक की है, जिसे चाहिए प्रशासक द्वारा प्रशासित किया जाना। यह उन विशेष परिस्थितियों में से एक होगा जिसमें न्यायालय प्रशासन के पत्रों का अनुदान दे सकता है [AIR 1988 Kerala 315]

प्रशासन के पत्रों के लिए याचिका याचिकाकर्ता द्वारा अलग से लिखी जाएगी (प्रोबेट के समान) [Section 278 of ISA 1925].

ISA 1925 की धारा 281 में एक गवाह द्वारा वसीयत के लिए याचिका का सत्यापन।

याचिका में फर्जी याचिका के लिए ISA 1925 की धारा 282 [IPC 1860 S 193]

7.4 कुछ विशेष मामले

उप खंड 3 [भारतीय उत्तराधिकार अधिनियम 1925 की धारा 276]

प्रोबेट की याचिका को इस आधार पर अस्वीकार नहीं किया जाना चाहिए कि कोई संपत्ति नहीं है [12 CWN 129]। लेकिन प्रशासन के पत्रों के लिए एक याचिका के मामले में, यह प्रशासन का पत्र देने से पहले अदालत का कर्तव्य है कि यह देखने के लिए कि कोई संपत्ति कहां बची है [1910 14 CWN 463]।

फॉर्म प्यूपरिस (कंगाल रूप) में आवेदन

डिस्ट्रिक्ट जज के आदेश को सेक्शन के तहत प्रोबेट देने या इंकार करने का फैसला डिक्री नहीं बल्कि डिक्री के बल और कोर्ट फीस के भुगतान का आदेश है। इस तरह के आदेश से अपील को डिक्री से अपील के रूप में नहीं बल्कि न्यायालय शुल्क अधिनियम की अनुसूची II अनुच्छेद 1 के तहत उच्च न्यायालय में एक आवेदन या याचिका के रूप में माना जाना चाहिए।

ISA 1925 के तहत कार्यवाही सूट नहीं करती है और इसमें याचिकाकर्ताओं और आवेदनों पर निर्णय CPC के तहत डिक्री की परिभाषा में शामिल नहीं हैं। [AIR 1963 Allahabad 153]

जब एक निष्पादक अपने वसीयतकर्ता की संपत्ति के कब्जे में नहीं होता है और उसे कब्जा नहीं मिल सकता है और जब वह खुद को आवश्यक शुल्क का भुगतान करने का साधन नहीं होता है, तो उसे याचिका करने की अनुमति दी जा सकती है, और यदि हकदार है, तो फॉर्मेट पैम्परिस में प्रोबेट प्राप्त करें। [1893 ILR 18 Bom 237].

मामले में कानून [AIR 2005 कांत 136 में बी मंजूनाथ बनाम सीजी श्रीनिवास] ने यह दावा किया कि प्रोबेट या प्रशासन के पत्रों के अनुदान के लिए दायर की गई कार्यवाही या आवेदन में, क्योंकि कोई भी अधिकार आवेदक द्वारा दावा या दावा नहीं किया गया था और आवेदक ने केवल मान्यता की मांग की थी। अदालत ड्यूटी करने के लिए, प्रोबेट जारी करने के लिए दायर आवेदन लिमिटेशन एक्ट के अनुच्छेद 137 के अंतर्गत नहीं आया।

AIR 2008 SC 2058 / AIR 1991 मद्रास 214 - पैरा 51

कुंवरजीत सिंह बनाम किरणदीप कौर / एस कृष्णास्वामी बनाम ई रामैया

उक्त निर्णय के पैरा 17 में इसे निम्नानुसार नोट किया गया था: [AIR p222]

एक कार्यवाही में, या दूसरे शब्दों में, प्रोबेट या प्रशासन के पत्रों के अनुदान के लिए दायर एक आवेदन में, आवेदक द्वारा कोई अधिकार का दावा या दावा नहीं किया जाता है। आवेदक केवल कर्तव्य निभाने के लिए अदालत की मान्यता चाहता है। एक सक्षम अदालत द्वारा जारी किए गए प्रशासन के प्रोबेट या पत्र दुनिया भर में कानूनी चरित्र का निर्णायक प्रमाण हैं। भारतीय उत्तराधिकार अधिनियम, 1925 के प्रासंगिक प्रावधानों का एक आकलन का अर्थ यह नहीं है कि प्रोबेट या प्रशासन के पत्रों के अनुदान के लिए दायर कार्यवाही से, आवेदक का कोई अधिकार कानूनी अर्थों में तय या सुरक्षित नहीं है।

वसीयतनामा के लेखक ने अपनी संपत्ति के प्रशासन के संबंध में कर्तव्य निर्धारित किया है, और प्रोबेट या प्रशासन के पत्रों के लिए आवेदक केवल उस कर्तव्य को निभाने के लिए अदालत की अनुमति चाहता है। कर्तव्य निभाने के लिए अदालत से केवल मान्यता की मांग है।

वह कर्तव्य केवल नैतिक है और यह कानूनी नहीं है। कोई भी कानून नहीं है जो आवेदक को प्रोबेट या प्रशासन के पत्रों के लिए कार्यवाही दायर करने के लिए मजबूर करता है। नैतिक कर्तव्य का निर्वहन करने की दृष्टि से आवेदक कर्तव्य निभाने के लिए न्यायालय से मान्यता चाहता है। यह निष्कर्ष निकालना वैध होगा कि प्रशासन के प्रोबेट या पत्रों के अनुदान के लिए दायर कार्यवाही कानून में कोई कार्रवाई नहीं है। इसलिए, लिमिटेशन एक्ट, 1963 के अनुच्छेद 137 के तहत एक "आवेदन" के अर्थ के अनुसार, एक आवेदन के रूप में प्रोबेट या प्रशासन के पत्रों के अनुदान के लिए कार्यवाही पर विचार करना बहुत मुश्किल है।

7.5 स्रोत जहां से लागत प्रदान की जानी है

प्रोबेट के लिए एक आवेदन के मामले में, आईएसए 1925 की धारा 293 के तहत, एक प्रोबेट आवेदन पर विचार किए जाने से पहले वसीयतकर्ता की मृत्यु के बाद सात स्पष्ट दिन पहले गुजरने चाहिए । प्रशासन के पत्रों के लिए एक आवेदन के लिए वसीयतकर्ता की मृत्यु के बाद 14 दिन बीतने चाहिए।

वसीयत को छूने वाली राजस्व अदालत का निर्णय प्रोबेट कार्यवाही में रेस-जुडीसैटा के रूप में संचालित नहीं होता

है जिसमें शामिल एकमात्र प्रश्न वसीयत के प्रमाण के रूप में होता है।

7.6 नमूना प्रोबेट अनुप्रयोग

प्रोबेट के लिए एक नमूना याचिका निम्नानुसार है:

____ की सीमा में

प्रोबेट केस संख्या __ का __ <वर्ष>

के मामले में

श्री __ <याचिकाकर्ता नाम>

निवासी ___ (याचिकाकर्ता)

छंद

राज्य (उत्तरदाता)

वसीयत के संबंध में याचिकाकर्ताओं की ओर से भारतीय उत्तराधिकार अधिनियम की धारा 276 के तहत प्रोबेट याचिका, मृतक के <पिता के पुत्र <मृतक के <<मृतक के पिता <के नाम से <डेट> द्वारा निष्पादित <दिनांक> के संबंध में प्रोबेट की ओर से दायर किया गया था। याचिकाकर्ताओं का पक्ष अर्थात् <याचिकाकर्ताओं का नाम>।

सबसे महत्वपूर्ण परिणामः

1. वह ___, ___ का पुत्र, ___ का निवासी, उसके बाद मृतक के रूप में जाना जाता है, जो हिंदू उत्तराधिकार अधिनियम द्वारा शासित हिंदू था, ___ पर ___ पर मृत्यु हो गई, जो उसका निवास स्थान था। जन्म और मृत्यु के सब रजिस्ट्रार द्वारा जारी किए गए मृत्यु प्रमाण पत्र की एक प्रति अनुलग्नक ए के रूप में दी गई है।

2. मृत्यु के समय, मृतक की आयु लगभग __ वर्ष थी। अपने जीवन काल के दौरान, मृतक ने विधिवत निष्पादित वसीयतनामा ___ को चल और अचल संपत्ति के संबंध में ___ दिनांकित किया।

3. कि मृत्यु के समय, मृतक ने पीछे छोड़ दिया कानूनी उत्तराधिकारी:

i) नाम, पता, उम्र, संबंध

ii) नाम, पता, उम्र, संबंध

iii) नाम, पता, आयु, संबंध

4. कि उसकी मृत्यु से पहले, मृतक ने ___ और ___ के पक्ष में ___ वसीयतनामा निष्पादित किया

5. यह कि मृतक __ को दिनांकित करने के लिए सक्षम था, ___ में संपत्ति का मालिक होने के नाते, निम्नलिखित अनुमान हैं:

6. यह प्रस्तुत किया जाता है कि उक्त वसीयत के माध्यम से, मृतक को निम्नलिखित तरीके से उक्त संपत्ति को वसीयत कर दिया गया है:

i)

ii)

iii)

7. यह कि ___ की मृत्यु के बाद याचिकाकर्ता उपरोक्त वर्णित संपत्ति के संबंध में वसीयत के अनुसार मृतक वसीयतकर्ता के एकमात्र निष्पादक / कानूनी उत्तराधिकारी बन गए।

8. वह देर से _____ में रह रहा था, ___ की तारीख ___ में मृत्यु हो गई। इसके अलावा मृतक द्वारा छोड़ी गई संपत्ति ___ में स्थित थी, जो इस माननीय अदालत के अधिकार क्षेत्र में है।

9. यह ___ दिनांकित ___ के हलफनामे से संबंधित है, जो गवाहों में से एक है।

10. यह कि __ की राज्य की सीमा से परे मृतक की संपत्ति का मूल्य रुपये से अधिक नहीं है। ___।

11. याचिकाकर्ता के ज्ञान के अनुसार, उक्त वसीयत के लिए किसी भी उच्च न्यायालय या अन्य जिला न्यायालय में कोई आवेदन नहीं किया गया है।

12. कि याचिकाकर्ता प्रोबेट के अनुदान के लिए देय शुल्क का भुगतान करने का वचन देता है।

प्रार्थना

याचिकाकर्ता इसलिए सबसे सम्मानपूर्वक प्रार्थना करता है कि मामले के तथ्यों और परिस्थितियों में न्याय के हित में, याचिकाकर्ता के पक्ष में ___ को देर ___ द्वारा निष्पादित वसीयत के संबंध में प्रोबेट दिया जाए।

इस तरह के अन्य आदेश / राहत / निर्देश के लिए यह माननीय न्यायालय उचित और उचित भी याचिकाकर्ताओं के पक्ष में पारित किया जाए।

शपथ पत्र

मैं, ___, ___ का बेटा, उम्र___, निवासी ___, इसके द्वारा पूरी तरह से पुष्टि करते हैं और इसकी घोषणा करते हैं:

1. कि मैं याचिकाकर्ता 1 हूं और मामले के तथ्यों से अच्छी तरह वाकिफ हूं।

2. कि याचिका में दिए गए तथ्यों को हमारे निर्देशों के तहत हमारे वकील ने ड्राफ्ट किया है जो सभी सही हैं।

(हस्ताक्षर)

स्थान:

दिनांक:

7.7 प्रोबेट आवेदन के लिए कोर्ट प्रक्रिया

नोट: विभिन्न भारतीय राज्यों में सटीक प्रक्रिया भिन्न हो सकती है। लेकिन आम तौर पर, प्रक्रिया इस प्रकार है:

1. याचिकाकर्ता निर्धारित प्रारूप में प्रोबेट आवेदन के साथ-साथ मृत्यु प्रमाण पत्र, शपथ पत्र और अदालती फीस जैसे दस्तावेजों के साथ जमा करते हैं
2. न्यायालय आवेदन प्राप्त करता है और विवरण का सत्यापन करता है
3. न्यायालय प्रमुख समाचार पत्रों में प्रोबेट का एक नोटिस प्रकाशित करने का निर्देश देता है और

किसी भी आपत्ति दर्ज करने के लिए जनता के सदस्यों और मृतक के परिजनों को आमंत्रित करता है। यह प्रोबेट आवेदन में उल्लिखित उनके पते पर परिजनों के पास सूचना पत्र भेजने का भी निर्देश देता है, जिससे उन्हें प्रोबेट के आवेदन की सूचना मिलती है।

4. यदि समय की अवधि के बाद, कोई आपत्ति नहीं है, तो अदालत अदालत की फीस (जो कि संपत्ति के मूल्य पर निर्भर करती है) के भुगतान पर प्रोबेट और प्रशासन की पत्र जारी करती है ।

5. यदि एक या अधिक पक्षों से आपत्ति है, तो प्रोबेट जारी करने में देरी हो रही है। पार्टियों की ओर से सबूत, तर्क और जिरह की प्रस्तुति के साथ सामान्य अदालत की प्रक्रिया होती है। सबूतों और तर्कों की जांच के बाद, अदालत प्रोबेट और प्रशासन के पत्रों के अनुदान के बारे में अपना निर्णय जारी करती है।

अध्याय 8
धोखाधड़ी, ज़बरदस्ती और अनुचित प्रभाव से प्राप्त वसीयत

8.1 भारतीय उत्तराधिकार अधिनियम 1925 की धारा 61

वसीयत या वसीयत का कोई भी हिस्सा, जिसमें से धोखाधड़ी या ज़बरदस्ती के कारण या इस तरह के आयात के कारण वसीयतकर्ता की मुक्त एजेंसी को हटा दिया जाता है, शून्य है।

8.2 वसीयत करने में सक्षम व्यक्ति [भारतीय उत्तराधिकार अधिनियम 1925 की धारा 59]

समर्थ मन का प्रत्येक व्यक्ति और नाबालिग नहीं होने के कारण वसीयतनामा द्वारा अपनी संपत्ति का निपटान कर सकता है। इसलिए, आम तौर पर बोलते हुए, सभी व्यक्ति जिनके पास पर्याप्त विवेक और स्वतंत्र है, वसीयतनामा द्वारा अपनी संपत्ति का निपटान करने में सक्षम हैं।

परीक्षक की क्षमता के अनुसार, उसे, कानून की भाषा में, एक उचित दिमाग और स्मृति होनी चाहिए। दूसरे शब्दों में, वह उस कार्य की प्रकृति की समझ के साथ अपना वसीयतनामा बनाने में सक्षम होना चाहिए जिसमें वह कार्य कर रहा है। उसके पास उस संपत्ति का स्मरण होना चाहिए जिसका वह निपटान करने का इरादा रखता है। उसे उन व्यक्तियों के बारे में पता होना चाहिए जो उसके इनाम की वस्तु हैं, और जिस तरह से यह उनके बीच वितरित किया जाना है। यह पर्याप्त है अगर उसके पास ऐसा मन और स्मृति है, जो उसे उन हिस्सों को समझने में सक्षम करेगा, जिनकी रचना की गई है और संपत्ति का निपटान सरल रूप में है। [(1873) LR3 PSD64]

यह दिखाना होगा कि वसीयतनामा या कोडिसिल किए जाने के समय परीक्षक उचित दिमाग का था। कानून के लिए आवश्यक है कि उस समय उचित दिमाग होना

चाहिए, जब वसीयत के निर्देश दिए गए हों और वसीयत निष्पादित की गई हो।

उचित वसीयतनामा क्षमता का अर्थ है कि ये स्थितियाँ एक ही समय में मौजूद होनी चाहिए:

i. वसीयतकर्ता को यह समझना चाहिए कि वह अपनी संपत्ति एक या एक से अधिक वस्तुओं को दे रहा है

ii. उसे इस संपत्ति की सीमा को समझना और याद करना चाहिए

iii. उसे उन दावों की प्रकृति और सीमा को भी समझना चाहिए, वे दोनों उनकी इच्छा में शामिल हैं और जिन्हें वह इच्छा से बाहर कर रहे हैं।

वसीयतकर्ता को यह महसूस करना चाहिए कि वह अपने दिमाग में एक वसीयत को जब्त कर रहा है और वसीयत में उसके शारीरिक कृत्य का निष्पादन होना चाहिए [Williams, Law of Wills, 3rd Edition, p-16].

8.3 वसीयत साबित करने का दारोमदार

जहां अनुचित प्रभाव की एक याचिका स्थापित की गई है, साक्ष्य अधिनियम 1872 की धारा 103 में पार्टी पर इस

तरह की दलील देने का भार है जो इसे स्थापित करती है [AIR 1974 SC 1999].

8.4 परीक्षक की वसीयतनामा क्षमता साबित करने का दारोमदार

अदालत के विवेक को संतुष्ट करने के लिए वसीयतनामा प्रस्तुत करने वाले पक्ष के साथ हमेशा यह बोझ होता है कि वसीयत को निष्पादित करने के समय वसीयतकर्ता मन की उचित स्थिति का था [AIR 1968, SC 947]. लेकिन वसीयतकर्ता के दिमाग की स्थिति के बारे में कोई भी सबूत न होने की स्थिति में, इस बात का सबूत कि उसने गवाहों की मौजूदगी में चरित्र में वसीयत को तर्कसंगत ठहराया है, को अनुमान लगाना होगा कि वह एक अच्छे दिमाग का था और समझ गया कि यह किस बारे में है। अनुमान एक्ट 1972 की धारा 90 के स्पष्ट प्रावधान के तहत उचित ठहराया गया था और धारा 114 के तहत इसे और दृढ़ कर दिया गया था, जिसमें 30 वर्ष से अधिक का वसीयतनामा शामिल था [AIR 1947 PC 15].

सामान्यतया, प्रत्येक व्यक्ति को तब तक समझदार माना जाता है जब तक कि वह पागल साबित न हो जाए। जब भी, इसलिए, एक वसीयत का उत्पादन किया जाता है,

जिस पर उसके चेहरे को वैध रूप से निष्पादित किया जाता है, अदालत मान लेगी कि वसीयतकर्ता समझदार था। [AIR 1956 Bombay 404]

समझदार मन का अनुमान कानून और तथ्य का मिश्रित अनुमान है। प्रोबेट सूट में, वसीयतनामा साबित करने वाली पार्टी पर टेस्टामेंटरी क्षमता साबित करने का अंतिम बोझ होता है। यदि कोई पक्ष यह आरोप लगाता है कि वसीयतकर्ता पागल था, तो यह वसीयत को साबित करने की वसीयत करने वाले पक्ष की जिम्मेदारी है कि वसीयत के निष्पादन की तारीख में वसीयतकर्ता के दिमाग में यह बात थी कि वह अपनी वसीयत को जानता और समझे और अनुमोदित करे [(1905) 7 Bombay LR 175].

एक वसीयतकर्ता अपने बच्चों को अपने वशीकरण के लिए वशीभूत कर सकता है, या वह अपने वसीयतनामे में दान दे सकता है, लेकिन अदालत को वसीयतनामा को बरकरार रखना चाहिए। इस प्रकार वसीयत करने की क्षमता विशेष रूप से मानसिक विशेषताओं को बुलाती है। एक आदमी के पास शादी करने की मानसिक क्षमता हो सकती है और फिर भी, उसकी शादी के दिन, वसीयत बनाने में असमर्थ हो सकता है [Williams and Mortimer Adms and Probate 16th Edition].

पल्लवी बनाम रामचंद्रन में [2000 6 SCC 151]: वसीयतकर्ता ने एक ही दिन दो वसीयत को अंजाम दिया था, एक ने धार्मिक दान और दूसरे ने एक ट्रस्ट की स्थापना की, जिससे उसकी निजी संपत्तियों के संबंध में वसीयत की गई। एक का निष्पादन पार्टी द्वारा स्वीकार किया गया था और दूसरी इच्छा को स्वीकार करने की आपसी क्षमता विवादित थी। सुप्रीम कोर्ट ने स्टैंड को खारिज कर दिया क्योंकि पार्टियां गर्म और ठंडे नहीं उड़ा सकती हैं। एक की आपसी क्षमता के बारे में वैध विस्तार के प्रवेश का मतलब दूसरे की वैध वसीयत क्षमता भी होगा।

यदि कोई वसीयत पंजीकृत है, तो यह एक ऐसी परिस्थिति है जो उसकी वास्तविकता को साबित कर सकती है. [AIR 1962 SC 567, AIR 1968 SC 947]

8.5 टेस्टामेंट्री क्षमता की कमी के लिए आधार

ऐसे दो आधार हैं जिन पर एक व्यक्ति को वसीयतनामा क्षमता की कमी हो सकती है:

i. कि उसका दिमाग कभी पर्याप्त रूप से विकसित नहीं हुआ है

ii. कि उसका मन क्षीण, अस्थायी या स्थायी रूप से है

मन की कमजोरी के कई कारण हैं जैसे शारीरिक चोट, शारीरिक बीमारी, पीने की लत या ड्रग्स, सीवियरिटी या मानसिक बीमारी।

8.6 छल द्वारा प्राप्त किया वसीयत

एक वसीयतनामा जो एक या दूसरे प्रकार की धोखाधड़ी का परिणाम है, अशक्त और शून्य है [Boyce v Rosenbrough, 6 HLC2].

धोखाधड़ी एक जानबूझकर धोखा देने का एक कार्य है, जो किसी दूसरे का अनुचित लाभ उठाकर कुछ हासिल करने के डिजाइन के साथ है। दूसरे के नुकसान से लाभ पाने के लिए यह धोखा है। यह एक धोखा है जिसका फायदा पाने का इरादा है [SP Chengalvanya v Jagannath AIR 1994 SC 853].

धोखाधड़ी एक ऐसे तथ्य के बारे में प्रतिनिधित्व की एक जानबूझकर सक्रिय भूमिका से उत्पन्न होती है जिसे वह असत्य होना जानता है, फिर भी वह इसे सच मानने का आश्वासन देकर प्रत्याशी को गुमराह करने में सफल होता है। धोखेबाज बनने का प्रतिनिधित्व इस तथ्य के साथ

किया जाना चाहिए कि यह गलत था [Shristi v Shaw Bros. AIR 1992 SC 1555].

धोखाधड़ी एक गलत गलत ब्योरा है, जो इस बात से अवगत है कि यह दूसरे को गुमराह करने के इरादे से असत्य था जो इस पर अपने पक्षपात और प्रतिवादी के लाभ के लिए कार्य कर सकता है [State of Maharashtra v Buddhikota AIR 1989 SC 2292].

अनंत होने के नाते, अदालत शब्द "धोखाधड़ी" को परिभाषित नहीं करता है। इसे छल या कपट का कार्य बताया गया है। शब्दकोशों की कुछ परिभाषाएँ इस प्रकार हैं:

- **वेबस्टर का तीसरा नया अंतर्राष्ट्रीय शब्दकोश** - इक्विटी में धोखाधड़ी को अधिनियम या छुपाने के लिए एक अधिनियम या चूक के रूप में परिभाषित किया गया है जिसके द्वारा एक व्यक्ति दूसरे पर विवेक के खिलाफ लाभ प्राप्त करता है या जो इक्विटी या सार्वजनिक नीति दूसरे के लिए पूर्वाग्रह के रूप में मना करता है।
- **ब्लैक का लॉ डिक्शनरी** - धोखाधड़ी को सत्य के एक जानबूझकर विकृति के रूप में परिभाषित किया गया है ताकि उस पर निर्भरता में किसी अन्य को प्रेरित करने के उद्देश्य से उसे किसी

मूल्यवान चीज से जोड़ा जा सके या कानूनी अधिकार का समर्पण किया जा सके; इस बात का गलत प्रतिनिधित्व कि क्या शब्दों या आचरण से, झूठे या भ्रामक आरोपों से, या उस बात को छुपाने से, जिसका खुलासा होना चाहिए था, जो धोखा देती है और दूसरे को धोखा देने का इरादा रखती है ताकि वह उस पर कानूनी चोट करे।

- **इंग्लैंड का हैलिस्बरी कानून** - एक प्रतिनिधित्व माना जाता है कि यह गलत है और इसलिए एक गलत बयानी है, अगर यह पदार्थ में झूठी थी और वास्तव में भी।

यद्यपि यह कहना बिल्कुल सही नहीं है कि धोखाधड़ी को एक आपराधिक आरोप की सख्ती के साथ साबित किया जाना चाहिए, इसमें कोई संदेह नहीं है कि इसे स्थापित करने के लिए बहुत अधिक प्रमाण की आवश्यकता होती है [William and Mortimer 16th Ed p 173].

धोखाधड़ी, सभी मामलों में, किसी के हिस्से पर एक विलक्षण कार्य का अर्थ है, जिसके तहत दूसरे को अवैध या असमान साधनों से वंचित करने की मांग की जाती है, जिसके लिए वह हकदार है। [Green v Nixon (1857) 23 Bear 530].

एक मामले में, एक व्यक्ति ने वसीयतकर्ता को यह मानने के लिए प्रेरित किया कि जो सत्य नहीं था, वह यह कि उसकी पत्नी बुरे चरित्र की थी और उसने अपना घर छोड़ दिया था। अदालत ने माना कि वसीयत गलत तरीके से प्रस्तुत करने और धोखाधड़ी से बनाई गई थी [AIR 1929 Oudh 262].

धोखाधड़ी को अनुबंध अधिनियम (Contract Act) की धारा 17 में परिभाषित किया गया है जो कि एक स्पष्टीकरण है।

धोखाधड़ी या तो वास्तविक या रचनात्मक है। वास्तविक धोखाधड़ी को दो भागों में विभाजित किया गया है:

(i) गलत बयानी और

(Ii) छिपाव।

गलत बयानी (जिसे सुझावियो फाल्सी कहा जाता है) एक भौतिक तथ्य है और जिस व्यक्ति को धोखा दिया गया है, वह इस पर निर्भर या कार्य करता होगा।

संकल्पीकरण (जिसे सप्रेसियो वेरी कहा जाता है) किसी वस्तु के तथ्य का दमन या रोक है, किसी तथ्य का, जिसका खुलासा करने के लिए एक पक्ष दूसरे के प्रति कानूनी कर्तव्य के अधीन था। [Turner v Green (1895)

2 CH 205, AIR 1953 SC 163, AIR 1956 MB 246, 249].

धोखाधड़ी का प्रभाव: किसी भी प्रसंस्करण या लेनदेन पर धोखाधड़ी का प्रभाव यह है कि यह एक अशक्तता बन जाता है। यहां तक कि सबसे गंभीर कार्यवाही यदि उन्हें धोखाधड़ी से प्रेरित किया जाता है, तो वे अशक्त हैं। इस तरह की प्रकृति और इसका परिणाम होने के नाते, कानून को न केवल इसके बारे में सख्त दलील देने की जरूरत है, बल्कि इसके सख्त सबूत भी हैं।

8.7 जबरदस्ती द्वारा प्राप्त किया वसीयत

मजबूरी शारीरिक बल या शारीरिक बल का खतरा हो सकती है, या यह आर्थिक शक्ति के अनुचित उपयोग के साथ दूसरे को दूसरे की इच्छाओं को प्रस्तुत करने के लिए मजबूर करने के लिए किया जा सकता है। [ब्लैक का नियम शब्दकोश]।

जबरदस्ती कई प्रकार के रूप लेती है, लेकिन इसे निम्न प्रकार से परिभाषित किया जा सकता है: जैसे ही कोई व्यक्ति किसी अन्य व्यक्ति को किसी ऐसी चीज से प्रभावित करने की धमकी देता है जिसे वह अपने पास रखता है या उसे वह लाभ प्राप्त करने से रोकता है जो उसे सामान्य रूप से प्राप्त होता है, ज़बरदस्ती बन जाता

है और अनुनय या विचार करना बंद कर देता है। [Ellis v Barker (1871) 40 LJ Ch 603/607].

जबरदस्ती को अनुबंध अधिनियम 1872 की धारा 15 द्वारा "कानून (IPC) द्वारा निषिद्ध या किसी भी व्यक्ति को किसी भी व्यक्ति को किसी भी संपत्ति के पूर्वाग्रह के लिए किसी भी संपत्ति को रोकने या धमकी देने या किसी भी व्यक्ति को किसी भी प्रकार के पूर्वाग्रह के लिए धमकी देने के रूप में परिभाषित किया गया है। एक समझौते में प्रवेश करने के लिए। " यह परिभाषा का पहला भाग है जो ठीक से लागू होगा। कानून की नजर में अनुचित प्रभाव का गठन करने के लिए, जबरदस्ती होनी चाहिए।

जो कुछ भी वसीयतकर्ता की मुक्त एजेंसी को नष्ट कर देता है वह ज़बरदस्ती का गठन करता है।

जबरदस्ती के उदाहरण इस प्रकार हैं:

(i) आत्महत्या करने की धमकी देना जबरदस्ती है [AIR 1969 Cal 293].

(ii) (कॉन्ट्रैक्ट एक्ट की धारा 72 में दिए गए ज़ब्त को सामान्य अर्थों में समझा जाना चाहिए। इसमें हर तरह की अनिवार्यता शामिल है, भले ही यह अनुबंध अधिनियम की धारा 15 के तहत परिभाषा तक न मापे [AIR 1969 MYS 230]

(iii) यदि वसीयत बनाने के लिए वास्तविक बल का प्रयोग किया गया था और भले ही सभी औपचारिकताओं का अनुपालन किया गया हो, फिर भी वसीयत शून्य है [1 Cox 355]: इसी तरह अगर वसीयत के दौरान भी परीक्षक कुछ डर के तहत श्रम कर रहा है। लेकिन यह हर डर या व्यर्थ डर नहीं है, जिसमें इच्छाशक्ति को रद्द करने का प्रभाव होगा, लेकिन सिर्फ इस डर से कि कानून इस तरह का डर या मौत, या शारीरिक चोट, या कारावास का संज्ञान ले सकता है।

(iv) एक व्यक्ति B को गोली मारने, या उसके घर को जलाने, या उसे आपराधिक आरोप में गिरफ्तार करने का कारण बनता है, जब तक कि वह C के पक्ष में एक वसीयत नहीं करता। B परिणामी C के पक्ष में एक वसीयत बनाता है। वसीयत शून्य है, इसे बनाने के लिए ज़बरदस्ती किया गया है। [AIR 1922 Cal 260].

(v) शरीर में एक कमजोर व्यक्ति के लिए जोरदार स्वास्थ्य में एक व्यक्ति का आचरण, भले ही बिना दिमाग के न हो, आतंक पैदा करने और अपने वसीयतनामा को अंजाम देने के लिए हो सकता है, एक ऐसा उपकरण जो अगर इस तरह के प्रभाव से मुक्त होता, तो वह नहीं किया जाता [(1857) 6 HLC 2].

(vi) इस निष्कर्ष पर आने के लिए कि वसीयत जबरदस्ती से प्राप्त की गई है, यह स्थापित करने के लिए आवश्यक नहीं है कि वास्तविक हिंसा का इस्तेमाल किया गया है या धमकी दी गई है। [AIR 1922 Cal 260 / (2013) 2 Mah LJ 161].

8.8 आयात और अनुचित प्रभाव द्वारा प्राप्त किया गया वसीयतनामा

अनुचित प्रभाव शक्ति या विश्वास का अनुचित उपयोग है जो किसी व्यक्ति को स्वतंत्र इच्छा से वंचित करता है और किसी अन्य उद्देश्य को प्रतिस्थापित करता है [ब्लैक का नियम शब्दकोश: 8 वां संस्करण].

अनुचित प्रभाव में कोई भी प्रभाव शामिल होता है जिसमें स्वतंत्र और जानबूझकर निर्णय लेने की कवायद बंद हो जाती है। विपरीत प्रभाव तब तक माना जाता है जब पार्टियों का संबंध ऐसा होता है कि एक दूसरे की गोपनीय सलाह का हकदार होता है। उदाहरण हैं, एक ट्रस्टी और ट्रस्ट के, क्लाइंट और सॉलिसिटर के मामले में, एक ऐसे माता-पिता के साथ, जो पहले बच्चे की उम्र का हो चुका है। गोपनीय संबंधों के अन्य मामलों में, अनुबंध से बचने की मांग करने वाली पार्टी को अनुचित प्रभाव साबित

करना चाहिए [Sutton and Shannon on Contracts 6th Edition].

हर प्रभाव को अनुचित नहीं ठहराया जा सकता है। एक रिसीवर अपील कर सकता है और दानकर्ता को उसे उपहार देने के लिए राजी कर सकता है।

इस तरह की अपील और अनुनय को अनुचित प्रभाव के रूप में चित्रित नहीं किया जा सकता है, बशर्ते कि दाता मानसिक क्षमता को बनाए रखता है [Takri Devi v Rama AIR 1984 HP 11, 15, Subhas v Ganga Prasad AIR 1967 SC 878, Afsar v Solamn AIR 1976 SC 163].

जब वसीयतकर्ता को ऐसा करने के लिए मजबूर किया जाता है, जिसे वह करने का इरादा नहीं करता है, तो यह अनुचित प्रभाव है [Boudams v Richardson (1906) AC 169].

अनुचित प्रभाव का मतलब कुछ की उपस्थिति से है, अगर परीक्षक के निर्णय को आश्वस्त किए बिना महत्वाकांक्षा पर काबू पाने के लिए अभ्यास किया जाता है, हालांकि किसी भी बल का उपयोग या धमकी नहीं दी जाती है। परीक्षार्थी की महत्वाकांक्षा पर बल देते हुए, ज़बरदस्ती का सकारात्मक प्रमाण होना चाहिए।

अनुचित प्रभाव अनुबंध अधिनियम (कॉन्ट्रैक्ट एक्ट) 1872 की धारा 16 में परिभाषित, वह संबंध है जो उन पक्षों के बीच निर्वाह करता है जिनके द्वारा एक पक्ष दूसरे की इच्छा पर हावी होने की स्थिति में है और उस स्थिति का उपयोग उस पर एक अनुचित लाभ प्राप्त करने के लिए करता है [AIR 1996 Ker 64, AIR 1956 MB 246, AIR 1960 Cal 551, AIR 1979 SC 1431, Barry and Butler – AIR 1976 Cal 377, AIR 1955 SC 363, AIR 1968 SC 964].

इस तरह के प्रभावों के अभ्यास के लिए मकसद और अवसर की आवश्यकता होती है, लेकिन इनका अस्तित्व, इस तथ्य के साथ है कि जिस व्यक्ति के पास ऐसा उद्देश्य और अवसर है, वह दूसरों के बहिष्कार की इच्छा से लाभान्वित हुआ है, अनुचित प्रभाव साबित करने के लिए पर्याप्त नहीं है. [Williams, Law of Wills, 3rd Edition, p 24].

एक बेटा जो अपने पिता (वसीयतकर्ता) के साथ रहता था, भले ही वह अनुनय-विनय करता था और स्नेह और अपील करता था कि महान अंत की भावना पैदा हो, लेकिन इसका अनुचित प्रभाव नहीं कहा जा सकता था। [AIR 1996 Ker 64].

अनुचित प्रभाव केवल तभी "ज़बरदस्ती" है, अगर यह वसीयतकर्ता की मुक्त एजेंसी को हटा देता है। जो कुछ

भी परीक्षार्थी की मुक्त एजेंसी ले जाता है, उसके साथ ज़बरदस्ती होती है। [11 CWN 824].

मात्र यह तथ्य कि अपने वसीयत को बनाने में एक व्यक्ति अनैतिक [(1906) AC 169] या अधार्मिक [(1893) 1 Ch 736] प्रभाव से प्रभावित था, इस तरह के अनुचित प्रभाव के लिए राशि नहीं होती है, जब तक कि वसीयत वास्तव में उनके इच्छाओं को व्यक्त करता है।

वसीयतनामा को अमान्य करने के लिए: इसरार को इस तरह की डिग्री में होना चाहिए कि वसीयतकर्ता कि फ्री एजेंसी से दूर ले जाना चाहिए - इसरार ऐसा होना चाहिए जैसे कि वह प्रतिरोध करने के लिए बहुत कमजोर हो, जैसे कि वसीयत वसीयतकर्ता की मर्जी नहीं, और न ही एक सक्षम वसीयतकर्ता की स्वतंत्र मानसिकता के साथ निष्पादित किया गया.

8.9 स्पष्ट अंतराल (पागलपन) के दौरान वसीयत का निष्पादन

जब एक नैदानिक मनोवैज्ञानिक की मेडिकल रिपोर्ट होती है कि परीक्षक क्रोनिक सिज़ोफ्रेनिया से पीड़ित था, तो पिछले मनोचिकित्सा उपचार के इतिहास को साबित करना है। यह निम्नलिखित लक्षण दिखा सकता है: गरीब

तालमेल, अप्रासंगिक बात, अनुचित प्रभाव, विरोधाभास भ्रम, श्रवण मतिभ्रम, कोई कार्बनिक विशेषताएं, कोई अंतर्दृष्टि और कोई निर्णय नहीं, एक परिस्थिति जिसे उसने अदालत के माध्यम से चेक प्राप्त किया था वह खुद को आधार नहीं दे सकता है कि इच्छाशक्ति एक स्पष्ट अंतराल के दौरान भी निष्पादित किया जा सकता था, यह निवेदन किया जाना और सिद्ध किया जाना है।

यह साबित करने के लिए पर्याप्त नहीं है कि परीक्षक के पास स्पष्ट अंतराल थे। सबूत है कि वह एक स्पष्ट अंतराल के दौरान वसीयत को अंजाम दिया है आवश्यक है। इस तरह के सबूतों के अभाव में, इस तथ्य के साथ कि पूर्ववर्ती मृतक के पति ने पहले खुद को वसीयतकर्ता की संपत्ति के संरक्षक के रूप में नियुक्त करने के लिए आवेदन किया था और उसका अपना प्रवेश था कि उसने भी इसी तरह का आवेदन दायर किया था लेकिन बाद में इसे खारिज कर दिया गया था, कोर्ट ने फैसला किया कि वसीयतनामा एक व्यक्ति के लिए नहीं हो सकता है जिसके पास असत्य दिमाग है। [Trese Xavier v Mary Simon No 240 of 2003, decided on 01.09.2014].

शारीरिक दुर्बलता या आगे बढ़ने के वर्षों के दौरान मन की असावधानी मानसिक विक्षेपन से अलग हो सकती है और बुद्धि की पराजय असंगतता का कारण हो सकती है, लेकिन बुद्धिमत्ता को इस हद तक कम किया जाना

चाहिए कि प्रस्तावित वसीयतनामा वसीयतनामा अधिनियम की सराहना नहीं करता है इसके सभी बीयरिंगों में। वृद्धावस्था या किसी भी उम्र में मृत्यु के निकट दृष्टिकोण, उस सुझाव को शक्ति देते हैं जो वसीयतकर्ता को वसीयत की सामग्री का उचित ज्ञान था। [Williams, Law of Wills pp. 20-21].

8.10 अशुभ कथन

अनौपचारिक बयानों के मामले में, यानी जब कोई वसीयतकर्ता अपने बच्चों को उनके स्वाभाविक कर्तव्य को भूलकर अजनबियों को अपनी संपत्ति देता है, तो पागलपन का कोई अनुमान नहीं है, लेकिन यह वसीयतकर्ता की क्षमता के सवालों पर कुछ प्रकाश डाल सकता है [हल्सबरी इंग्लैंड के नियम]. अदालत हमेशा इस तरह के वसीयत को गंभीर संदेह के साथ देखती है, खासकर जब कई वर्षों के अंतराल के बाद ऐसा वसीयतनामा दिखाया जाता है [Musammal v Alma 64 IA 92].

वसीयत के प्रस्तावक को यह दिखाना होगा कि वसीयतनामे पर वसीयतकर्ता द्वारा हस्ताक्षर किए गए थे, कि वह प्रासंगिक समय पर मन की उचित स्थिति में था, कि वह स्वभाव और विघटन के प्रभाव को समझ गया

था, कि उसने हस्ताक्षर किए थे दो गवाहों की उपस्थिति जिन्होंने इसे अपनी उपस्थिति में और एक दूसरे की उपस्थिति में सत्यापित किया। एक बार जब ये तत्व स्थापित हो जाते हैं, तो प्रस्तावक पर टिकी हुई आंत को छुट्टी दे दी जाती है [Surendra Pal v Dr. Sarswati AIR 1974 SC 1999].

अध्याय 9
अविशेषाधिकार वसीयत का निष्पादन

9.1 वसीयत के निष्पादन के लिए नियम

वसीयत का निष्पादन निम्नलिखित नियमों के अनुसार किया जाता है:

(i) वसीयतकर्ता अपने हस्ताक्षर या वसीयत में निशान लगाएगा

(ii) हस्ताक्षर या चिह्न को इस तरह रखा जाना चाहिए कि यह दिखाई दे कि इसका उद्देश्य लेखन को एक इच्छा के रूप में प्रभाव देना था

(i) दो या दो से अधिक व्यक्तियों (गवाहों) द्वारा गवाही दी जाएगी, जिनमें से प्रत्येक ने वसीयतकर्ता को वसीयत पर हस्ताक्षर किए और

प्रत्येक गवाह वसीयतकर्ता के सामने वसीयत में हस्ताक्षर करेगा।

(iii) यह दिनांकित होना चाहिए। यदि वसीयत दिनांकित नहीं की जाती है, तो प्रोबेट की याचिका दायर होने पर जिस दिन वसीयत दी गई थी, उस दिन का सबूत (AIR 2013 दिल्ली 220)

9.2 ओनस जो वसीयतकर्ता पर टिकी हुई है

प्रस्तावक को यह दिखाना होगा कि वसीयतनामे पर वसीयतकर्ता ने हस्ताक्षर किया था, कि वह प्रासंगिक समय पर एक शांत मन की स्थिति में था, कि उसने विघटन की प्रकृति और प्रभाव को समझा, कि उसने अपने हस्ताक्षर अपने वसीयतनामे के वसीयतनामा में डाल दिए स्वतंत्र इच्छा और उसने इसे दो गवाहों की उपस्थिति में हस्ताक्षरित किया है जिन्होंने इसे अपनी उपस्थिति में और एक दूसरे की उपस्थिति में सत्यापित किया। [AIR 1974 SC 1999]।

वसीयत के निष्पादन और सत्यापन को साबित करना वसीयत के प्रस्तावक का कर्तव्य है। वसीयत के निष्पादन के आस-पास संदिग्ध परिस्थितियों की अनुपस्थिति में, वसीयत के प्रस्तावक पर रखे गए ओनस का निर्वहन

करने के लिए वसीयतनामा के अनुसार वसीयतनामा की क्षमता और वसीयतकर्ता के हस्ताक्षर प्रमाण पर्याप्त हैं। [AIR 1972 SC 2492]।

9.3 कुछ उदाहरण जहां 'संदिग्ध परिस्थितियां' हैं

जहाँ संदिग्ध परिस्थितियाँ होती हैं, वसीयत के प्रस्तावक को उन्हें अदालत की संतुष्टि के लिए समझाना पड़ता है। संदिग्ध परिस्थितियां वसीयतकर्ता के हस्ताक्षर की वास्तविकता के अनुसार हो सकती हैं, वसीयतकर्ता के दिमाग की स्थिति, वसीयत में किए गए विवाद, प्रासंगिक परिस्थितियों के आलोक में अप्राकृतिक, अनुचित या अनुचित हो सकते हैं या अन्य संकेत हो सकते हैं यह दिखाने के लिए कि परीक्षक का दिमाग मुक्त नहीं था। लेकिन जहां संदिग्ध परिस्थितियां हैं, वहां प्रस्तावक का कर्तव्य है कि वह वसीयत को वास्तविक रूप में स्वीकार किए जाने से पहले अदालत की संतुष्टि के लिए उन्हें समझाए। और जहां विरोधी अनुचित प्रभाव, धोखाधड़ी और जबरदस्ती का आरोप लगाता है, यह साबित करने का भार प्रतिद्वंद्वी पर होता है [AIR 1972 SC 2492 /AIR 1974 SC 1999]

संदिग्ध परिस्थितियां [AIR 1972 Patna 146]

एक मामले में, वसीयत को अंजाम देने के समय, मुखलाल, वसीयतकर्ता की उम्र लगभग 80 वर्ष थी, और वृद्धावस्था के कारण या निश्चित बीमारी से पीड़ित होने के कारण उसकी वसीयत पर उसके हस्ताक्षर अस्थिर थे। अदालत ने माना कि ये तथ्य अपने आप में पर्याप्त नहीं होंगे कि ये संदिग्ध हालात हों।

अपीलार्थी ने वसीयत के निष्पादन में सक्रिय रुचि ली थी, प्रस्तावक केवल वसीयत के निष्पादन के समय उपस्थित था।

वसीयत का उल्लेख मामले का बिल्कुल समर्थन नहीं करता है - गवाह अपीलकर्ता से शत्रुतापूर्ण था और जानबूझकर झूठ बोल रहा था।

AIR 1959 SC 443 में पृष्ठ 459 में उनकी अदालत ने बताया कि किन परिस्थितियों को संदिग्ध परिस्थितियों के रूप में माना जाएगा, उन्हें सटीक रूप से परिभाषित या विस्तृत रूप से परिभाषित नहीं किया जा सकता है।

9.4 कुछ मामलों में माननीय न्यायाधीशों द्वारा अवलोकन

केस AIR 1959 SC 443 F / B तीन न्यायाधीश

वसीयत के तहत या अन्यथा दावा करने वाली पार्टी एक दस्तावेज को साबित करने की मांग कर रही है और यह साबित करने के लिए कि यह कैसे साबित किया जाना चाहिए, संदर्भ अनिवार्य रूप से वैधानिक प्रावधानों से बना होना चाहिए जो दस्तावेजों के प्रमाण को नियंत्रित करते हैं।

साक्ष्य अधिनियम की धारा 67 और 68 उद्देश्य के लिए प्रासंगिक हैं। साक्ष्य अधिनियम की धारा 67 के तहत, यदि किसी व्यक्ति द्वारा किसी दस्तावेज पर हस्ताक्षर किए जाने का आरोप है, तो उक्त व्यक्ति के हस्ताक्षर को उसकी खुद की लिखावट में साबित किया जाना चाहिए और इस तरह की लिखावट की धारा 45 और 47 को साबित करने के लिए राय या विशेषज्ञों और संबंधित व्यक्ति की लिखावट से परिचित व्यक्तियों को प्रासंगिक बनाया जाता है।

साक्ष्य अधिनियम की धारा 68 कानून द्वारा सत्यापित किए जाने वाले आवश्यक दस्तावेजों के निष्पादन के प्रमाण से संबंधित है और यह प्रावधान करता है कि ऐसे दस्तावेज को तब तक साक्ष्य के रूप में उपयोग नहीं किया जाएगा जब तक कि कम से कम एक गवाह को इसके निष्पादन को साबित करने के उद्देश्य से नहीं

बुलाया गया हो। इसी तरह, आईएसए 1925 के खंड 59 और 63 भी प्रासंगिक हैं।

क्या वसीयतनामा अंतिम वसीयत साबित होता है, इन प्रावधानों के आलोक में तय किया जाना है। यह यह बताना सही होगा कि वसीयत के प्रमाण के मामले में, वसीयत के प्रमाण के मामले में, वसीयत के प्रमाण के मामले में वसीयत को किसी अन्य दस्तावेज की तरह साबित करना होगा। गणितीय निश्चितता के साथ प्रमाण की उम्मीद करना बेकार होगा। लागू किया जाने वाला परीक्षण ऐसे मामलों में विवेकपूर्ण मन की संतुष्टि का सामान्य परीक्षण होगा।

9.5 वसीयत की अस्पष्टता

यदि वसीयत की सामग्री को वास्तविकता के बावजूद अस्पष्ट पाया जाता है, तो आवेदक के पक्ष में प्रोबेट के अनुदान को अस्वीकार किया जा सकता है। [AIR 2006 SC 1999].

यह प्रोबेट कोर्ट के अधिकार क्षेत्र में नहीं है कि वह वसीयत की व्याख्या कर सके [2009 IKLJ 865].

अधिकार क्षेत्र केवल निष्पादक की मानसिक क्षमता और सत्यापन की वैधता के बारे में निष्पादन की सच्चाई तक फैला हुआ है।

9.6 वसीयतकर्ता का हस्ताक्षर

वसीयतकर्ता को वसीयतकर्ता द्वारा हस्ताक्षरित किया जाएगा या उसके पास उसका निशान होगा।

i. यह किसी अन्य व्यक्ति द्वारा हस्ताक्षरित किया जा सकता है लेकिन परीक्षक की उपस्थिति में और उसकी दिशा से भी।

ii. इसे दिनांकित किया जाना चाहिए। यदि वसीयत दिनांकित नहीं है, तो प्रोबेट के लिए याचिका दायर करने पर निष्पादन के दिन का प्रमाण दिया जा सकता है।

ISA 1925 की धारा 63 (ए) प्रदान करती है कि वसीयतकर्ता पर वसीयतकर्ता अपना चिह्न अंकित या चिपका सकता है। भले ही वसीयतकर्ता लिखने में सक्षम हो लेकिन कमजोरी के कारण वह अपना हस्ताक्षर करने में असमर्थ है, वह एक निशान चिपका कर वसीयत को अंजाम दे सकता है और ऐसा करने में कोई दूसरा

व्यक्ति उसका हाथ बटा सकता है। [AIR 1962 Patna 481]।

इस तरह के अंगूठे का निशान वैध माना जाता है। [AIR 1991 Cal 166].

लीला करवल बनाम जेडी करवाल [AIR 1986 इलाहाबाद 220] में यह माना गया था कि वसीयतकर्ता को उसकी मृत्यु के बाद उसकी संपत्ति के निपटान के बारे में अपनी घोषणा वाले लेखन की सामग्री को प्रमाणित करने के उद्देश्य से वसीयतनामे पर हस्ताक्षर करने की आवश्यकता है। इसलिए, यह स्पष्ट है कि परीक्षक को अपने हस्ताक्षर या चिह्न के रूप में चिंतन किया जाना चाहिए, क्योंकि आईएसए 1925 अधिनियम की धारा 63 (3) में घोषणा के बाद के वसीयतनामा की सामग्री लिखी गई है,। वास्तव में लिखे जाने और अस्तित्व में आने से पहले किसी घोषणा को प्रमाणित करना संभव नहीं है।

जब वसीयत के कुछ पृष्ठों पर हस्ताक्षर नहीं किए जाते हैं, तो यह एक संदिग्ध परिस्थिति नहीं है क्योंकि अंतिम पृष्ठ पर केवल एक हस्ताक्षर पर्याप्त है। [AIR 1996 Mad 442].

यदि कोई अन्य व्यक्ति वसीयतकर्ता के लिए हस्ताक्षर करता है, तो स्वयं के अलावा गवाहों को उपस्थित होने

के रूप में दो अन्य व्यक्ति होने चाहिए। [(1881) ILR 6 Cal 483].

परीक्षक के हस्ताक्षर का स्थान

वसीयतकर्ता के हस्ताक्षर या चिह्न को प्रारंभ या अंत में कहीं भी रखा जा सकता है, लेकिन इसे इतना रखा जाना चाहिए कि यह प्रतीत हो कि यह एक वसीयतनामा के रूप में साधन को देने का इरादा है। एक मामले में जहां परिशिष्ट पर वसीयतकर्ता के हस्ताक्षर का अभाव था, सुप्रीम कोर्ट द्वारा यह निर्णय लिया गया था कि ऐसी स्थिति में, वसीयत पूरी नहीं थी। [AIR 2008 SC 2195].

9.7 संदिग्ध हस्ताक्षर

ज़रूना आर ईरानी बनाम शपर जवांमंडी में, देरी से प्रकाशन के अलावा, परीक्षणकर्ता के हस्ताक्षर को एक अनुरेखक के माध्यम से देखा गया था, जिसे सबसे संदिग्ध संदिग्ध परिस्थिति पाया गया था। [(2004) 6 Bombay CR 142]। परीक्षक के हस्ताक्षर के सामान्य मोड से हस्ताक्षर का विचलन संदिग्ध पाया गया [(2005) 3 CHN 259].

प्राकृतिक बनावट और टेस्टेट्रिक्स के हस्ताक्षर की स्पष्टता पृष्ठ से पृष्ठ पर भिन्न होती है जिसे एक संदिग्ध परिस्थिति में लिया गया था [(2009) 7 MLJ 135]. यदि हस्ताक्षर को जालसाजी के रूप में हमला किया जाता है, तो प्रस्तावक हस्ताक्षर के सबूत को जोड़ने के लिए बाध्य है। हालांकि इसे मद्रास उच्च न्यायालय ने एक फैसले में रखा था कि जो व्यक्ति जालसाजी का आरोप लगाता है उसे वही स्थापित करना चाहिए। [(2010) (1) AIHLR 268].

फर्म हस्ताक्षर, हालांकि कुछ ओवरराइटिंग के साथ

जहां वसीयतकर्ता की लिखावट स्पष्ट और दृढ़ है, हालांकि लगभग हर समय कुछ ओवरराइटिंग पाई गई थी, अदालत ने कहा कि इसका श्रेय किसी अन्य पर्चे को नहीं दिया जा सकता है, लेकिन वसीयतकर्ता की उम्र और निश्चित रूप से वसीयतनामा कि वास्तविकता के खिलाफ नहीं है [(2009) 5 MLJ 245].

9.8 हस्ताक्षर की तुलना करने के लिए न्यायालय की शक्ति

न्यायालय के पास वसीयतकर्ता की वसीयत में हस्ताक्षर की तुलना उसके अन्य प्रवेशित हस्ताक्षरों के साथ करने की शक्ति है, लेकिन यह स्वयं साक्ष्य की आवश्यकताओं के साथ खंड के तहत और साक्ष्य अधिनियम (एविडेंस एक्ट) की धारा 68 के तहत विवेचना नहीं कर सकता।

9.9 साक्षत्कार का रूप

उपस्थिति का कोई विशेष रूप आवश्यक नहीं है। [(1960) 10 राजस्थान 1259]। वसीयत को दो या अधिक गवाहों द्वारा सत्यापित किया जाएगा। यह कानून का एक जनादेश है और इसे [2014 (1) OLR 788] के रूप में सिद्ध किया जाना चाहिए।

i. प्रत्येक गवाह ने वसीयतकर्ता को वसीयतनामा पर हस्ताक्षर करते देखा होगा

ii. प्रत्येक गवाह ने देखा होगा कि किसी अन्य व्यक्ति ने वसीयतकर्ता की उपस्थिति में वसीयत पर हस्ताक्षर किए हैं और वसीयतकर्ता द्वारा निर्देशित है।

iii. यदि वसीयत पहले ही हस्ताक्षरित है, तो वसीयतकर्ता ने प्रत्येक गवाह को अपने हस्ताक्षर या निशान या ऐसे व्यक्ति के हस्ताक्षर के बारे में

स्वीकार किया होगा जिसने उसके लिए हस्ताक्षर किए थे।

हालाँकि, यह आवश्यक नहीं है कि दोनों गवाह एक ही समय पर उपस्थित हों। [19 CWN 1297]। अभी तक जहां तक गवाह के गवाह का संबंध है, केवल वैधानिक आवश्यकता यह है कि उनके पास दस्तावेज को अटेस्ट करने के लिए आवश्यक एनीमस टेस्टाटंडी या इरादा होना चाहिए। यदि कोई भी प्रमाणकर्ता परीक्षक के हस्ताक्षर की बात करता है, तो यह पर्याप्त है और इस बात को संतुष्ट करने के लिए कोई और प्रमाण आवश्यक नहीं है कि स्वीकार किए गए हस्ताक्षर को चिपका दिया गया है या नहीं। [AIR 1977 SC 63]

परीक्षक एक गवाह की उपस्थिति में हस्ताक्षर कर सकता है और किसी अन्य गवाह के समक्ष अपने हस्ताक्षर को स्वीकार कर सकता है। 'उसकी उपस्थिति में' शब्द का अर्थ केवल परीक्षक की भौतिक उपस्थिति नहीं है, बल्कि मानसिक उपस्थिति यानी मृतक उसकी इंद्रियों में होना चाहिए [(1948) Allahabad ER 700].

9.10 नियत निष्पादन और सत्यापन के साक्ष्य

एक पार्टी जो एक दस्तावेज को मृतक की सच्ची अंतिम इच्छा के रूप में सामने रखती है, उसे स्थापित करना होगा कि परीक्षक उस समय सामग्री को जानता और अनुमोदित करता था जब उसने उसे निष्पादित किया था। वसीयतकर्ता की सामग्री के बारे में वसीयतकर्ता का ज्ञान और अनुमोदन प्रमाण के बोझ का हिस्सा है, जो हर किसी के लिए एक वसीयतनामा दस्तावेज प्रस्तुत करता है। सामान्य परिस्थितियों में, इस बोझ को वसीयतनामा क्षमता और उचित विस्तार के प्रमाण से छुट्टी दी जाती है, जिससे सामग्री का ज्ञान और अनुमोदन ग्रहण किया जा सकता है। लेकिन ऐसी परिस्थितियाँ हो सकती हैं जहाँ ज्ञान और अनुमोदन को सकारात्मक रूप से सिद्ध करना होगा। ज्ञान और अनुमोदन के सकारात्मक साक्ष्य की आवश्यकता तब हो सकती है जब मृतक और उसके निर्देश पर किसी अन्य व्यक्ति द्वारा हस्ताक्षरित वसीयत पर आरोप लगाया जाता है। [विलियम्स और मोर्टिमर 16 वें संस्करण, pp 158-159].

आईएसए 1925 अधिनियम की धारा 63 द्वारा निर्धारित सत्यापन की विशेष आवश्यकता को छोड़कर, वसीयत को साबित करने का तरीका आमतौर पर किसी अन्य दस्तावेज से भिन्न नहीं होता है। किसी भी मामले में प्रमाण गणितीय रूप से सटीक और निश्चित नहीं हो सकते हैं, और इसलिए परीक्षण को ऐसे मामलों में

विवेकपूर्ण मन की संतुष्टि में से एक होना चाहिए [AIR 1971 SC 2236].

9.11 प्रमाण का मानक

अधिनियम द्वारा आवश्यक वसीयत को स्थापित करने का प्रमाण विवेकपूर्ण व्यक्ति का है और पूर्ण या निर्णायक नहीं है [AIR 1959 SC 443]। एक वसीयत कानून के लिए ज्ञात सबसे गंभीर दस्तावेजों में से एक है। लेकिन अगर कोई मृत व्यक्ति अपनी इच्छाओं को पूरा करने के लिए जीवित व्यक्ति को सौंपता है और क्योंकि उसे या तो अपने हस्ताक्षर से इनकार करना असंभव है या जिन परिस्थितियों में यह बनाया गया था, उन्हें स्पष्ट करना असंभव है, यह आवश्यक है कि विश्वसनीय और प्रभावी सबूत दिए जाएं वसीयत स्थापित करने के लिए । विवाद या संदेह के मामले में, जो भी सबसे अच्छा सबूत संभव है, उसे दिया जाना चाहिए।

सामान्य मामलों में, एक सक्षम परीक्षक द्वारा वसीयत का निष्पादन उस अनुमान को बढ़ाता है जिसे वह जानता था और वसीयत की सामग्री को अनुमोदित करता है। [((1898) ILR 2521 Cal 279] (रश्मोहिनी वी वूमश चुडर)। जब तक यह स्थापित नहीं किया जा सकता है कि एक वसीयत को धोखे से निष्पादित किया गया था या

फिट और डिस्पोजल दिमाग में नहीं किया गया था, इसे केवल संदेह [1957 Allahabad LJ 667] (जमुना बनाम हर दिन) पर नहीं फेंका जा सकता है। वसीयत के प्रमाण के संबंध में लागू की जाने वाली परीक्षा, इस तरह के मामलों में एक विवेकशील व्यक्ति के रूप में अदालत की संतुष्टि की सामान्य परीक्षा होगी। लेकिन यह प्रस्तावक का कर्तव्य होगा कि वह निष्पादन के बारे में या परीक्षक के दिमाग के निपटान की स्थिति के बारे में सभी संदेह को दूर करे। यदि वह ऐसा करने में विफल रहता है, तो अदालत दस्तावेज़ की अंतिम वसीयतकर्ता के रूप में इलाज के लिए अनिच्छुक हो जाएगी [रामरानी बनाम मदनलाल आकाशवाणी 1973 राजस्थान 295]।

जैसा कि परीक्षणकर्ता के हस्ताक्षर के प्रमाण के संबंध में, सबसे अच्छा साक्ष्य जो उपलब्ध है, जैसे गवाहों को प्रस्तुत करने के प्रमाण दिए जाएं और सामान्य प्रकृति के किसी भी प्रमाण को इस आशय का प्रमाण दिया जाए कि हस्ताक्षर वास्तविक प्रतीत होते हैं [AIR 1922 Cal 260]। लेकिन भले ही उपस्थित गवाहों ने अपने हस्ताक्षर को निरस्त कर दिया हो, लेकिन वसीयत को अमान्य नहीं किया जाता है, अगर यह एक विश्वसनीय चरित्र के सबूत से साबित हो सकता है। [Brahmadut v Chandan 20 Cal CWN 192].

9.12 सबूत के बोझ

सबूत के आवश्यक प्रकृति और मानक

वसीयत को साबित करने के लिए आवश्यक सबूतों की प्रकृति और मानक पर फैसलों की एक लंबी कतार है। उन सभी फैसलों की समीक्षा एच वेंकटाचला अयंगरा बनाम बीएन थिमजन्म [AIR 1959 SC443] में की गई और सुप्रीम कोर्ट ने कानून के छह प्रस्ताव रखे। किसी भी स्थिति में प्रमाण का बोझ परीक्षक की धन और सामाजिक प्रतिष्ठा के साथ भिन्न नहीं होता है। आम तौर पर, एक उचित व्यक्ति की एक वास्तविक इच्छा, जो एक समाज में अच्छी तरह से तैनात है, खामियों और दुर्बलताओं से ग्रस्त नहीं है, जो एक छोटे नियम के साधन को समझ सकते हैं। [Jaswant Kaur v Arun Kaur AIR 1977 SC 74].

जहाँ संदिग्ध परिस्थितियाँ होती हैं, वहाँ का बोझ उन पर निर्भर करता है कि वे अदालत को संतुष्ट करने से पहले अदालत की संतुष्टि के लिए उन्हें समझाएँ। [Sashi Kr v Subodh Kr AIR 1964 SC 529]. वसीयत के मामले में, गणितीय निश्चितता के साथ प्रमाण की उम्मीद करना बेकार होगा [Shri Ram v Kasturi AIR 1984 Allahabad 66, AIR 1959 SC 443, AIR 1964 SC 529, AIR 1965 SC 354].

बैरी बनाम बुटलिन में शासन [(1838) 2 MOO PCC 480]

यदि कोई पार्टी वसीयत लिखती है या तैयार करती है जिसके तहत वह लाभ उठाती है, तो यह एक ऐसी परिस्थिति है, जो आम तौर पर अदालत के संदेह को उत्तेजित करने के लिए होनी चाहिए। अदालत को साधन के समर्थन में सबूतों की जांच करने में सतर्क और उत्साही होना चाहिए, और इसके पक्ष में न्याय नहीं करना चाहिए जब तक कि संदेह को हटा नहीं दिया जाता है और यह न्यायिक रूप से संतुष्ट है कि कागज मृतक की सच्ची इच्छा व्यक्त करता है। [AIR 1962 SC 567]।

9.13 अप्रकाशित वसीयतनामा या कोडिसिल का निरसन

वसीयत का निरसन इसके खंड द्वारा दो भागों में विभाजित किया गया है।

i. कानून के संचालन द्वारा (जैसे कि विवाह द्वारा) ISA 1925 की धारा 69 में प्रदान किया गया है, और

ii. पार्टियों के कृत्यों द्वारा (जैसे कि किसी अन्य वसीयत या कोडिकिल द्वारा, या कुछ अन्य लेखन द्वारा, या जलाकर, फाड़कर या अन्यथा नष्ट करके)। इस खंड में दिए गए निरसन के तरीके संपूर्ण हैं [AIR 1922 Cal 182]।

पिछली वसीयत या कोडिकल्स का निरस्तीकरण स्पष्ट रूप से और निश्चित रूप से किया जाना चाहिए और यह कहना पर्याप्त नहीं है कि यह अंतिम वसीयत है क्योंकि यह कथन पूर्व वसीयत के निरसन की राशि नहीं है। वसीयत निरस्त करने का इरादा स्पष्ट रूप से घोषित किया जाना चाहिए। [Section 70 of ISA 1925].

वसीयतनामा या तो बदला जा सकता है या रद्द किया जा सकता है। लेकिन परीक्षक की मृत्यु से पहले परिवर्तन या निरसन करना होता है। उत्तरार्द्ध को गवाहों की उपस्थिति में किसी भी संशोधन, या कोडिकिल पर हस्ताक्षर करना चाहिए - ठीक उसी तरह जब मूल निष्पादित किया गया था।

एक नियम के रूप में, पूर्ववर्ती वसीयत या कोडिकल्स की सभी सामग्रियों को रद्द करने के लिए एक रिवोकिंग क्लॉज पर्याप्त होगा। इस प्रकार, नियुक्ति की एक विशेष शक्ति को निष्पादित करना निरस्तीकरण के सामान्य शब्दों या बाद की वसीयत में कुल मिलाकर निरस्त कर

दिया जाता है। [Sotheran Vs Deing 1881 20 Ch D99].

लेकिन अदालत वसीयत से पहले एक तारीख के एक उपकरण (या एक उपकरण का एक हिस्सा) को दे सकती है जिसमें एक सामान्य प्रत्यावर्तित खंड होता है, अगर यह संतुष्ट हो कि यह किसी विशेष विरासत या अनुमति को रद्द करने के लिए वसीयतकर्ता का इरादा नहीं था जो पहले के यंत्र में समाहित है। [Smith vs Thompson 1931 14 TLR 603].

एक वंचित वसीयत का निरसन, वसीयत के निर्माण की तुलना में केवल थोड़ा ही कम महत्वपूर्ण है और आईएसए 1925 की धारा 70 में निहित वैधानिक आवश्यकता का पालन करना है।

अध्याय 10
प्रोबेट कार्यवाही में महत्वपूर्ण खंड

10.1 प्रोबेट के लिए या प्रशासन के पत्रों के लिए ISA 1925 याचिका की धारा 276

प्रोबेट याचिका में विलोपित किया जाएगा और सामान्य रूप से उपयोग में लाए जाने वाले अंग्रेजी में या भाषा में स्पष्ट रूप से लिखा जाना चाहिए:

परीक्षक की मृत्यु का समय

यह कि लेखन उनकी अंतिम इच्छा और वसीयतनामा है

यह विधिवत निष्पादित किया गया था

जब जिला जज के पास आवेदन किया जाता है कि उनकी मृत्यु के समय मृतक का निवास स्थान है या उसके पास कुछ संपत्ति है जो न्यायाधीश के अधिकार क्षेत्र में स्थित है

10.2 ISA 1925 की धारा 281 में एक गवाह द्वारा वसीयत के लिए याचिका का सत्यापन

भुगतान शुल्क के लिए मुख्य रूप से उत्तरदायी निधि इस प्रकार अवशिष्ट संपत्ति है. [Dayabhai v Damodardas (1922) ILR 21 Bom 75].

(a) इस तरह की याचिका दायर करते समय आवेदक के लिए संपूर्ण न्यायालय शुल्क (25 रुपये की अदालती फीस को छोड़कर) का भुगतान करना आवश्यक नहीं है। प्रशासन या प्रोबेट के पत्रों के अनुदान के समय पूरी अदालती फीस का भुगतान करना पड़ता है [AIR 2010 Uttarakhand 22].

(b) **वसीयत की अस्पष्टता**: यदि वसीयत की सामग्री को वास्तविकता के बावजूद अस्पष्ट पाया जाता है, तो आवेदक के पक्ष में प्रोबेट के अनुदान को अस्वीकार किया जा सकता है [AIR 2006 SC 1999]। अन्यथा, यह प्रोबेट कोर्ट के लिए वसीयत [2009 (1) KLJ 865]] की व्याख्या करने के लिए अपने अधिकार क्षेत्र का उपयोग करने के लिए नहीं है। क्षेत्राधिकार निष्पादन की सच्चाई से परे नहीं है क्योंकि निष्पादनकर्ता की मानसिक क्षमता और सत्यापन की वैधता के संबंध में है।

(c) **प्रोबेट के आवेदन के लिए सीमा**: उच्चतम न्यायालय ने कंवरजीत सिंह बनाम किरनदीप [(2008) 8 SC 4] में आयोजित किया है कि सीमा अधिनियम (लिमिटेशन एक्ट) 1963 की कला १३ of लागू होती है।

10.3 महत्वपूर्ण केस कानून

यदि मृतक एक वसीयत छोड़ता है जिसे निष्पादक नाम देते हैं, तो निष्पादक को प्रोबेट के अनुदान के लिए उच्च न्यायालय के प्रोबेट डिवीजन पर आवेदन करना होगा। यह उन्हें संपत्ति की ओर से कार्रवाई करने का आधिकारिक अधिकार देता है। यदि कोई वसीयत नहीं है, तो संपत्ति के प्रशासकों को एक ही प्रोबेट डिवीजन द्वारा "प्रशासन के पत्र" प्रदान किए जाएंगे। प्रोबेट के अनुदान और प्रशासन के पत्र के अनुदान दोनों को एक सामान्य शब्द द्वारा संदर्भित किया जाता है: प्रतिनिधित्व का अनुदान।

एक बार प्रक्रिया समाप्त हो जाने के बाद, वसीयत जनता द्वारा निरीक्षण के लिए खुला एक सार्वजनिक दस्तावेज है।

के जगनमोहन बनाम डी रुखमणी – AIR 2007 (NOC) 592 (Madras)

"निष्पादन के आसपास की संदिग्ध परिस्थितियों की अनुपस्थिति में, प्रस्तावक के लिए वसीयतनामा की क्षमता और हस्ताक्षर के प्रमाण को जोड़कर उसके बोझ का निर्वहन करना पर्याप्त है।"

10.4 निष्पादक और प्रशासक के बीच अंतर

एक प्रशासक केवल एक सक्षम न्यायालय द्वारा नियुक्त किया जा सकता है। एक निष्पादक केवल वसीयत या कोडिकिल बनाने वाले व्यक्ति द्वारा नियुक्त किया जा सकता है।

(i) एक निष्पादक वसीयत से अपना शीर्षक निकालता है और वसीयतकर्ता की सारी संपत्ति वसीयतकर्ता की मृत्यु की तारीख से उसमें निहित हो जाती है। एक प्रशासक प्रशासन के पत्रों से अपना शीर्षक प्राप्त करता है और मृतक की संपत्ति अनुदान तक उसके पास नहीं जाती है। [AIR 1960 AP 273, 281]

(ii) परिवीक्षा प्राप्त करने में सक्षम वसीयत का निष्पादक एक कानूनी प्रतिनिधि है जो परिसीमा की तारीख 17 से सीमा अधिनियम / लुनेटिक एक्ट, 1908 के अर्थ के भीतर एक सूट को स्थापित करने में सक्षम है, परीक्षणकर्ता की मृत्यु

की तारीख से समय शुरू होता है और प्रोबेट के अनुदान की तारीख से नहीं। लेकिन प्रशासक के मामले में, यह अवधि तब तक नहीं चलती है जब तक अनुदान नहीं किया जाता है।

(iii) एक निष्पादक एक वैध डिस्चार्ज दे सकता है और संपत्ति के प्रशासन के लिए सभी कृत्यों को अनुदान देने से पहले कर सकता है। एक व्यवस्थापक ऐसा नहीं कर सकता है।

(iv) एक प्रशासक को एक बॉन्ड निष्पादित करने की आवश्यकता होती है जिसे प्रशासन बॉन्ड कहा जाता है।

(v) प्रोबेट दिए जाने से पहले वसीयत या कोडिकिल छोड़ने वाले व्यक्ति की मृत्यु के बाद सात स्पष्ट दिनों की अवधि गुजरने की आवश्यकता होती है।

(vi) निष्पादकों की क्षमता संयुक्त और कई है और प्रोबेट एक या अधिक निष्पादकों को दिए जा सकते हैं, लेकिन प्रशासकों की क्षमता संयुक्त है।

(vii) एक निष्पादक या प्रशासक का कार्यालय असाइन करने योग्य नहीं है, और न ही यह एकमात्र निष्पादक या प्रशासक की मृत्यु के बाद जीवित रहता है।

10.5 प्रोबेट केवल नियुक्त निष्पादक को दिया जाता है [भारतीय उत्तराधिकार अधिनियम 1925 की धारा 222]

i. प्रोबेट केवल नियुक्त निष्पादक को दिया जाएगा (वसीयत द्वारा)

ii. नियुक्ति को व्यक्त या आवश्यक निहितार्थ द्वारा किया जा सकता है

10.6 जिन व्यक्तियों को प्रोबेट / प्रशासन प्रदान नहीं किया जा सकता है

एक प्रोबेट उस व्यक्ति को नहीं दिया जा सकता है, जो नाबालिग है [भारतीय उत्तराधिकार अधिनियम 1925 की धारा 223/ धारा 236].

10.7 विविध निर्णय

(i) प्रोबेट का प्रभाव [ISA 1925 के S 227]: जब प्रदान किया जाता है, तो वसीयतकर्ता की मृत्यु से वसीयत को स्थापित करता है और निष्पादक के सभी मध्यवर्ती कृत्यों का प्रतिपादन करता है।

(ii) बाथगेट एंड कंपनी लिमिटेड बनाम रेवरेंड हनोक घोष [AIR 2008 Cal 165]
"किरायेदार और / या लाइसेंसधारी या मृतक टेस्टेट्रिक्स के स्वामित्व वाली संपत्ति पर कब्जा करने वाले को प्रोबेट कार्यवाही में विरोध या हस्तक्षेप करने का कोई अधिकार नहीं है।"

(iii) भामवंडल बनाम राज कुमार [AIR 2003 Gan 90], [Section 239 of ISA 1925] "ISA 1925 अधिनियम की धारा 237, 238, 239 के तहत प्रोबेट के लिए आवेदन दाखिल करना: एक प्रोबेट दिया जा सकता है और प्रोबेट के लिए एक आवेदन भी मूल वसीयत दाखिल किए बिना भी दायर किया जा सकता है"

10.8 कानूनी प्रतिनिधि - इसका मतलब

अधिनियम में परिभाषित नहीं है। CPC एक कानूनी प्रतिनिधि को एक ऐसे व्यक्ति के रूप में परिभाषित करता है जो कानून में मृत व्यक्ति की संपत्ति का प्रतिनिधित्व करता है, और इसमें कोई भी व्यक्ति शामिल होता है जो मृतक की संपत्ति के साथ हस्तक्षेप करता है।

10.9 वसीयत को कब चुनौती दी जा सकती है

यदि कुछ लोग परिणाम से असंतुष्ट हैं - या तो वसीयत से बाहर होने के माध्यम से या क्योंकि आंतों के नियमों ने उन्हें बाहर रखा है - वे इन व्यवस्थाओं को चुनौती देने में सक्षम हैं।

नोट: चैलेंजर्स आश्रितों तक सीमित नहीं हैं।

(i) निरसन: यह दावा किया जा सकता है कि वसीयत अब मान्य नहीं थी क्योंकि वसीयतकर्ता ने अपना विचार बदल दिया था, यानी वसीयत निरस्त कर दी गई थी (बाद में वसीयत या कोडिसिल द्वारा, या विनाश से)

(ii) मानसिक अक्षमता: यह दावा किया जा सकता है कि मृतक यह नहीं जानता था या समझ नहीं पाया था कि वह क्या कर रहा था, या उसका प्रभाव।

(iii) अनुचित प्रभाव या धोखाधड़ी: यह दावा किया जा सकता है कि मृतक वसीयत बनाते समय अनुचित प्रभाव या धोखाधड़ी के अधीन था।

(iv) आश्रितों को प्रदान करने में विफलता: यह दावा किया जा सकता है कि मृतक आश्रित के लिए उचित प्रावधान बनाने में विफल रहा।

(v) वसीयतकर्ता के इरादों की विफलता के कारण: भले ही वसीयत ने एक विरासत छोड़ दी हो,

विभिन्न कारक लाभ प्राप्त करने से रोकने के लिए काम कर सकते हैं।

(vi) इन्सॉल्वेंसी: यदि संपत्ति दिवालिया हो जाती है, तो सभी परिसंपत्तियों का उपयोग लेनदारों को भुगतान करने में किया जाता है।

10.10 यह सुनिश्चित करना कि वसीयत प्रभावी है

जब तक यह कानून द्वारा निर्धारित औपचारिकताओं का अनुपालन नहीं करता है, तब तक किसी की मृत्यु पर उसे प्रभावी नहीं बनाया जा सकता है।

औपचारिकताएं: वसीयतकर्ता (वसीयत का निर्माता) की आयु 18 वर्ष से अधिक होनी चाहिए। लिखित रूप में होनी चाहिए। यह मान्य होने के लिए अंग्रेजी में होने की आवश्यकता नहीं है, अगर परीक्षक किसी अन्य भाषा से अधिक परिचित है। वसीयत स्पष्ट और सुपाच्य होनी चाहिए, हालांकि इसे टाइप करने की आवश्यकता नहीं है। इसे पेंसिल में नहीं लिखा जाना चाहिए।

हस्ताक्षर: दस्तावेज के अंत में वसीयतकर्ता के हस्ताक्षर होने चाहिए। यह सबसे महत्वपूर्ण है। वसीयत के शीर्ष पर एक हस्ताक्षर को चुनौती दी जा सकती है। वसीयत में कम से कम दो गवाहों के हस्ताक्षर होने चाहिए। वे और

हस्ताक्षरकर्ता एक ही कमरे में एक ही समय में, पूरे हस्ताक्षर सत्र में होना चाहिए। इस तथ्य को वसीयत में कहा जाना चाहिए, और तारीख डालनी चाहिए। गवाहों के लिए दस्तावेज़ पढ़ना आवश्यक नहीं है। उनके लिए यह जानना भी आवश्यक नहीं है कि दस्तावेज़ एक वसीयत है, जब तक वे जानते हैं कि वे वसीयतकर्ता के हस्ताक्षर को देखने के लिए वहां मौजूद हैं।

कौन गवाह हो सकता है: गवाह ऐसे व्यक्ति नहीं होने चाहिए जो वसीयत के तहत लाभ उठा रहे हों। वे भी वसीयत के तहत लाभ पाने वाले व्यक्तियों से शादी नहीं कर सकते। किसी भी गवाह को वसीयत के तहत लाभार्थी नहीं होना चाहिए। यदि परीक्षक बहुत बुजुर्ग है या दुर्बल है, तो गवाह के रूप में कार्य करने वाले व्यक्तियों में से एक डॉक्टर होना चाहिए, जो पहले यह सुनिश्चित करने के लिए उसकी जांच करे कि वह क्या कर रहा है और इसके निहितार्थ को समझता है। डॉक्टर को परीक्षा का रिकॉर्ड रखने के लिए कहा जाना चाहिए। यदि वसीयतकर्ता हस्ताक्षर करने के लिए बहुत कमजोर है, तो एक निशान भी करेगा बशर्ते कि यह गवाह के रूप में कार्य करने वाले चिकित्सक की उपस्थिति में बनाया गया हो।

वसीयत रखने के लिए कौन सी जगह अच्छी है: वसीयतकर्ता को हस्ताक्षरित वसीयत को एक सुरक्षित स्थान पर जमा करना चाहिए, शायद अपने वकील या अपने बैंक के साथ। उच्च न्यायालय के परिवार मंडल की किसी भी रजिस्ट्री में वसीयत जमा करना भी संभव है। यह सलाह दी जाती है कि परीक्षक अपने निष्पादक और परिवार को बताए कि उसने वसीयत कहां रखी है (वे वसीयतकर्ता की मृत्यु के बाद तक उसे नहीं देख पाएंगे), ताकि ट्रेसिंग में देरी से बचा जा सके। वैकल्पिक रूप से, इसे घर पर व्यक्तिगत पेपर के साथ सुरक्षित स्थान पर रखा जा सकता है। किसी भी स्थिति में निराश उत्तराधिकारी के लिए यह सुलभ नहीं होना चाहिए।

किसी वसीयत की सामग्री की नियमित रूप से समीक्षा करना: एक वसीयतकर्ता की वसीयत के प्रावधानों की समीक्षा हर पांच साल में की जानी चाहिए या जैसे ही उसकी परिस्थितियां बदलती हैं, या उसकी संपत्ति के मूल्य में बदलाव होते हैं। उसे निश्चित रूप से एक नई वसीयत करने पर विचार करना चाहिए जब प्रमुख पारिवारिक घटनाएं होती हैं, जैसे कि शादी, तलाक, बच्चे का जन्म या किसी करीबी की मृत्यु।

मामूली संशोधन और कोडिकिल्स: किसी की इच्छा के लिए मामूली संशोधनों के लिए, कोई एक कोडिकिल

बनाने पर विचार कर सकता है, जिसका उपयोग एक वसीयत में परिवर्तन करने के उद्देश्य से किया जाता है जहां पूरी इच्छा को फिर से लिखने की कोई आवश्यकता नहीं है। दो गवाहों को हस्ताक्षर करने के लिए कोडिसिल के पास जाना चाहिए जिसे हस्ताक्षरित होना चाहिए और उसी तरह दिनांकित होना चाहिए।

10.11 वसीयत का प्रमाण

वसीयत के सबूत के संबंध में तय किया गया कानून यह है कि वसीयत को साबित करने का तरीका आमतौर पर भारतीय की उत्तराधिकार अधिनियम 1925 धारा 63 द्वारा वसीयत के मामले में निर्धारित सत्यापन की विशेष आवश्यकता को छोड़कर किसी अन्य दस्तावेज को साबित करने से अलग नहीं होगा।

वसीयतनामा के लिए, अदालत का कर्तव्य निम्नलिखित कानूनी आवश्यकताओं की जांच करना होगा, जिसमें निम्न चरण शामिल हैं।

अधिनियम के तहत, वसीयत मान्य होने के लिए:

i. लिखित में होना चाहिए

ii. परीक्षक द्वारा हस्ताक्षरित

iii. दो या दो से अधिक गवाहों द्वारा सत्यापित किया जाएगा, और

iv. कम से कम एक गवाह की जाँच की जाएगी

यदि इन कानूनी आवश्यकताओं को नहीं पाया जाता है, तो कानून की नजर में कोई वसीयत नहीं है।

वसीयत के सबूत के लिए, अदालत का कर्तव्य निम्नलिखित कानूनी आवश्यकताओं की जांच करना होगा। यह पाँच चरणों पर विचार करेगा –

i. पहला कदम यह है कि यदि अदालत के समक्ष पेश किए गए दस्तावेज प्रथम दृष्टया कानूनी आवश्यकताओं को पूरा नहीं करते हैं, तो अदालत को अभी तक कोई और पूछताछ करने की आवश्यकता नहीं है क्योंकि इसके उचित निष्पादन का संबंध है, और उक्त दस्तावेज के आधार पर दावा नकारात्मक कर सकता है।

ii. दूसरा कदम यह है कि जब कानूनी उत्तराधिकारियों का विघटन होता है, तो अदालत को सामान्य से अधिक देखभाल के साथ सबूतों की जांच करनी होती है।

iii. तीसरा कदम यह पता लगाना होगा कि वसीयत को अंजाम देने के समय वसीयतकर्ता मन की अच्छी स्थिति में था या नहीं।

iv. चौथा कदम यह पता लगाना होगा कि क्या वसीयत को अंजाम देने के आसपास कोई संदिग्ध परिस्थिति मौजूद है।

v. पाँचवाँ चरण इस बात पर विचार करना है कि क्या वसीयत करने वाला साक्ष्य अधिनियम (एविडेंस एक्ट) की धारा 68 [AIR 2008 NOC 2433] के साथ आईएसए ISA 1925 अधिनियम की धारा 63 के अनुसार है या नहीं।

10.12 वसीयत: चाहे मुहर लगाई जाए

वसीयत और कोडिकल्स पर मुहर लगाने की आवश्यकता नहीं है। उन्हें स्टांप ड्यूटी से छूट प्राप्त है। हालाँकि यदि किसी पुराने स्टांप पेपर पर वसीयत लिखी गई है, तो दिल्ली उच्च न्यायालय ने माना कि प्रस्तावक को यह स्पष्ट करना होगा कि वसीयत एक स्टांप पेपर पर क्यों लिखी गई है जिसका उद्देश्य क्या है? [2011 (178) DLT 358].

10.13 वसीयत पर हस्ताक्षर करने का उद्देश्य

ISA 1925 की धारा 2 (एच) और धारा 63 (ए) और (बी) के तहत, वसीयतनामे पर हस्ताक्षर करने का उद्देश्य वसीयतकर्ता की मृत्यु पर संपत्ति के निपटान के तरीके से लिखित रूप में प्रमाणित करना है। दूसरे शब्दों में, संपत्ति के निपटान के तरीके से युक्त लेखन को परीक्षक के हस्ताक्षर से पहले होना चाहिए। लेखक की पहचान का वर्णन करने वाले खंड में लिखा जाने वाला नाम वसीयत में अपेक्षित हस्ताक्षर नहीं कर सकता है [AIR 1986 इलाहाबाद 220]। एक होलोग्राफिक वसीयत में, पहचान का खुलासा करने के लिए नाम लिखना हस्ताक्षर नहीं है।

10.14 स्वभाव की वैधता

भारतीय उत्तराधिकार अधिनियम की धारा 2 (एच) वसीयतकर्ता के रूप में वसीयतकर्ता द्वारा की गई घोषणा को कानूनी रूप से योग्य बनाती है। यह उसके अधीन होने वाली संपत्ति में अधिकार, शीर्षक और ब्याज के बारे में नहीं बोलता है। यह एक प्रसिद्ध कानूनी प्रस्ताव है कि प्रोबेट कोर्ट शीर्षक के प्रश्न में नहीं जा सकता है। प्रोबेट कोर्ट का कार्य प्रोबेट में यह देखना है कि क्या वसीयत को विधिवत निष्पादित किया गया है या नहीं,

क्या संबंधित समय पर वसीयतकर्ता अच्छी और अक्षम स्थिति में था या नहीं और क्या वसीयतकर्ता ने इस तरह के विवाद की प्रकृति और प्रभाव को समझा था और अपने हस्ताक्षर और / या अपनी स्वतंत्र इच्छा और दस्तावेज में दस्तावेज को अंकित करें। [AIR 2006 Cal 281-DB].

अध्याय 11: निष्कर्ष

इस पुस्तक में हमने भारतीय कानून के अंतर्गत वसीयत और प्रोबेट से संबंधित मूलभूत सिद्धांतों और व्यावहारिक प्रक्रियाओं का विस्तृत अध्ययन किया है। वसीयत के प्रारूपण से लेकर प्रोबेट कार्यवाही तक की प्रत्येक चरण को सरल भाषा में समझाया गया है, ताकि बिना विधिक पृष्ठभूमि के पाठक भी इसे समझ सकें।

हमने देखा कि एक वैध वसीयत बनाना न केवल संपत्ति के सुचारू वितरण के लिए आवश्यक है, बल्कि पारिवारिक विवादों और अनावश्यक न्यायालयी कार्यवाहियों से बचने का सबसे प्रभावी उपाय भी है। भारतीय उत्तराधिकार अधिनियम, 1925 की प्रमुख धाराओं, न्यायालय के महत्वपूर्ण निर्णयों, और व्यावहारिक उदाहरणों के माध्यम से हमने इस जटिल विषय को सुलभ बनाने का प्रयास किया है।

वसीयत बनाना आपके परिवार के प्रति आपकी सबसे महत्वपूर्ण जिम्मेदारियों में से एक है। यह पुस्तक आपको उस दिशा में पहला कदम उठाने में सहायता करे, यही हमारी कामना है।

महत्वपूर्ण शब्दावली (Glossary)

इस खंड में वसीयत और प्रोबेट से संबंधित महत्वपूर्ण कानूनी शब्दों की परिभाषाएँ दी गई हैं:

प्रशासक (Administrator): वह व्यक्ति जिसे सक्षम न्यायालय द्वारा मृतक की संपत्ति के प्रशासन के लिए नियुक्त किया जाता है, जब कोई निष्पादक न हो।

लाभार्थी (Beneficiary): वह व्यक्ति जिसके लाभ के लिए वसीयत, ट्रस्ट, बीमा पॉलिसी या अनुबंध बनाया जाता है।

वसीयत (Bequest/Will): वह कानूनी दस्तावेज जिसके द्वारा कोई व्यक्ति अपनी मृत्यु के पश्चात अपनी संपत्ति के वितरण के संबंध में अपनी इच्छाएँ प्रकट करता है।

कोडिसिल (Codicil): वसीयत के साथ संबंधित एक अनुपूरक दस्तावेज जो वसीयत की व्याख्या करता है, उसमें परिवर्तन करता है या कुछ जोड़ता है। इसे भी वसीयत की तरह ही निष्पादित किया जाना चाहिए।

मृतक (Decedent): वह व्यक्ति जिसकी मृत्यु हो गई हो।

अधिवास (Domicile): वह देश या न्यायिक क्षेत्र जिसे कोई व्यक्ति अपना स्थायी घर मानता है। चल संपत्ति के उत्तराधिकार में यह निर्धारण करने में यह महत्वपूर्ण भूमिका निभाता है कि कौन सा कानून लागू होगा।

संपत्ति/एस्टेट (Estate): मृतक द्वारा छोड़ी गई समस्त संपत्ति, वस्तुएँ और देनदारियाँ। लाभार्थियों को वितरित करने से पहले निष्पादक या प्रशासक द्वारा इसका प्रबंधन किया जाता है।

निष्पादक (Executor): वह व्यक्ति जिसे वसीयतकर्ता ने अपनी वसीयत में संपत्ति के प्रशासन और वितरण के लिए नियुक्त किया हो।

होलोग्राफिक वसीयत (Holographic Will): वह वसीयत जो वसीयतकर्ता ने स्वयं अपने हाथ से लिखी और हस्ताक्षरित की हो। भारतीय न्यायालयों में ऐसी वसीयत की प्रामाणिकता के पक्ष में एक मजबूत अनुमान माना जाता है।

निर्वसीयत (Intestate): वह स्थिति जब कोई व्यक्ति बिना वैध वसीयत बनाए मृत्यु को प्राप्त होता है। ऐसे

व्यक्ति की संपत्ति का वितरण वैधानिक उत्तराधिकार नियमों के अनुसार होता है।

प्रशासन पत्र (Letters of Administration): न्यायालय द्वारा जारी वह दस्तावेज जो किसी प्रशासक को उस व्यक्ति की संपत्ति का प्रबंधन और वितरण करने का अधिकार देता है जिसने निष्पादक की नियुक्ति किए बिना या बिना वसीयत के मृत्यु प्राप्त की हो।

नामांकन (Nomination): किसी व्यक्ति (नामित व्यक्ति) को बैंक खाते, बीमा पॉलिसी या भविष्य निधि से खाताधारक की मृत्यु पर लाभ प्राप्त करने के लिए नामित करने की क्रिया। यह वसीयत के अंतर्गत उत्तराधिकार से भिन्न होता है।

ओनस प्रोबांडी (Onus Probandi): सबूत का बोझ। प्रोबेट कार्यवाहियों में वसीयत को प्रस्तावित करने वाले पक्ष पर यह उत्तरदायित्व होता है कि वह न्यायालय को संतुष्ट करे कि वह एक स्वतंत्र और सक्षम वसीयतकर्ता की अंतिम वैध वसीयत है।

प्रोबेट (Probate): वह न्यायिक प्रक्रिया जिसके द्वारा वसीयत की वैधता स्थापित की जाती है और निष्पादक को संपत्ति के प्रशासन का अधिकार प्रदान किया जाता है।

प्रोपाउंडर (Propounder): वह व्यक्ति जो वसीयत को प्रोबेट के लिए प्रस्तुत करता है, आमतौर पर वसीयत में नामित निष्पादक या लाभार्थी।

शेष संपत्ति (Residuary Estate): संपत्ति का वह भाग जो सभी विशिष्ट वसीयतनामा दान, ऋण, कर और प्रशासन व्यय चुकाने के बाद बचता है।

निरसन (Revocation): वसीयत को वापस लेना या रद्द करना। भारतीय उत्तराधिकार अधिनियम 1925 की धारा 70 के अनुसार, किसी वसीयत को रद्द करने का इरादा स्पष्ट रूप से घोषित किया जाना चाहिए।

वसीयतनामा ट्रस्ट (Testamentary Trust): वसीयत के भीतर बनाया गया एक ट्रस्ट जो वसीयतकर्ता की मृत्यु के बाद प्रभावी होता है। इसका उपयोग आमतौर पर नाबालिग लाभार्थियों के लिए संपत्ति रखने के लिए किया जाता है।

वसीयतकर्ता (Testator/Testatrix): वह व्यक्ति जो वसीयत बनाता है। पुरुष के लिए वसीयतकर्ता और महिला के लिए वसीयतकर्त्री शब्द का प्रयोग होता है।

अनुचित प्रभाव (Undue Influence): किसी व्यक्ति की स्वतंत्र इच्छा को विश्वास या संबंध के पद का

दुरुपयोग करके दबाना, जिससे उस व्यक्ति के निर्णयों या कार्यों पर अनुचित प्रभाव डाला जाता है।

गवाह (Witness): वह व्यक्ति जो वसीयतकर्ता को वसीयत पर हस्ताक्षर करते देखता है और फिर इसकी पुष्टि के रूप में स्वयं हस्ताक्षर करता है। भारतीय उत्तराधिकार अधिनियम 1925 की धारा 63 के अनुसार, एक अविशेषाधिकार प्राप्त वसीयत के लिए कम से कम दो गवाह आवश्यक हैं, और कोई भी गवाह वसीयत के अंतर्गत लाभार्थी नहीं होना चाहिए।

लेखक के बारे में

शिव प्रसाद बोस भारतीय कानून के विभिन्न पहलुओं पर परिचयात्मक मार्गदर्शिकाओं के लेखक हैं। वे उत्तर प्रदेश पावर कॉर्पोरेशन लिमिटेड (UPPCL, पूर्व में UPSEB) में अनेक वर्षों की सेवा के बाद वर्तमान में सेवानिवृत्त हैं। उन्होंने जादवपुर विश्वविद्यालय, कोलकाता से इंजीनियरिंग की डिग्री और मेरठ विश्वविद्यालय, मेरठ से विधि की डिग्री प्राप्त की है। उनकी रुचि पारिवारिक कानून, नागरिक कानून, अनुबंध के कानून और बिजली ग्रिड एवं राजस्व से संबंधित कानून के क्षेत्रों में है। वे नई दिल्ली में निवास करते हैं।

शिव प्रसाद बोस की अन्य पुस्तकें

- Introduction to Wills and Probate (अंग्रेजी संस्करण)
- Senior Citizens Abuse in India
- Introduction to Negotiable Instruments
- Introduction to Marriage Laws in India
- Neighbor Problems in India and What to Do About Them
- Managing Court Cases with Mental Strength
- Delays in Court Cases in India
- Introduction to Patents and Patent Law in India

www.ingramcontent.com/pod-product-compliance
Lightning Source LLC
LaVergne TN
LVHW040437051026
849517LV00002B/654
* 9 7 9 8 2 3 3 9 5 9 0 5 9 *